新时代劳动教育教程

主　编　聂　峰　易志军
副主编　杨　栋　裴　雯
　　　　王永顺　张国礼
　　　　张　琦

電子工業出版社
Publishing House of Electronics Industry
北京·BEIJING

内 容 简 介

本书针对高职高专学生的特点，本着理论与实践相结合的原则，旨在为高职高专院校提供一本学生易学、教师易教的劳动教育教材。本书主要内容包括劳动教育理论知识、劳动价值观、劳动教育课程、优秀劳动精神的弘扬、新时代校园劳动、勤工助学、志愿服务、劳动教育实践典型案例，以及课程实施方案、相关法律法规等。

本书设计了大量的实践活动，每项活动设计不是停留在活动前的设想层面上，而是经过反复多次实践反思之后修改而成的产物。它不仅说明应该怎么做，而且阐述为什么这么做；不仅说明操作方法，而且介绍可能出现的问题，特别阐述了保证活动顺利进行的关键和重点突破的方法。

本书可作为高职高专类职业技术院校公共课教材及相关专业课教材，也可作为社会相关从业人员了解新时代劳动教育的参考用书。

图书在版编目（CIP）数据

新时代劳动教育教程 / 聂峰，易志军主编. —北京：电子工业出版社，2020.8

ISBN 978-7-121-39292-4

Ⅰ. ①新… Ⅱ. ①聂… ②易… Ⅲ. ①劳动教育－高等职业教育－教材 Ⅳ. ①G40-015

中国版本图书馆 CIP 数据核字（2020）第 131035 号

责任编辑：祁玉芹

文字编辑：李爽

印　　刷：中国电影出版社印刷厂

装　　订：中国电影出版社印刷厂

出版发行：电子工业出版社

北京市海淀区万寿路 173 信箱　邮编：100036

开　　本：787×1092　1/16　印张：13.75　字数：277 千字

版　　次：2020 年 8 月第 1 版

印　　次：2021 年 7 月第 2 次印刷

定　　价：42.00 元

凡所购买电子工业出版社图书有缺损问题，请向购买书店调换。若书店售缺，请与本社发行部联系，联系及邮购电话：（010）88254888，88258888。

质量投诉请发邮件至 zlts@phei.com.cn，盗版侵权举报请发邮件至 dbqq@phei.com.cn。

本书咨询联系方式：qiyuqin@phei.com.cn。

前 言

PREFACE

劳动，是人们改变劳动对象并使之适合自己需要的有目的的活动，即劳动力的支出和使用。劳动是人类社会存在和发展的最基本条件。劳动创造世界，劳动创作价值，劳动改变未来，劳动也改变着劳动者自身。卢梭曾说：“在人的生活中最主要的是劳动训练。没有劳动就不可能有正常的人的生活。”劳动创造了美，它是脑力劳动和体力劳动的完美结合。

把学生劳动教育列入高职院校专业人才培养方案，作为重要的职业核心能力必修课，也是一种可贵的探索创新。大学生劳动教育课程由理论教学和劳动实践周教学组成。其中，劳动实践周教学以校园室内外卫生保洁和环境美化、生产劳动或服务性劳动为主要内容，旨在通过校园劳动，增强广大学生劳动观念和意识，端正劳动态度，形成尊重劳动、热爱劳动、积极参加劳动的良好观念和习惯，提升基础劳动技能，培养行为习惯良好的高素质大学生。

本书既有对马克思主义劳动观与劳动教育的历史回顾，又有对新时代劳动观与劳动教育的现实分析；既对新时代高校劳动教育体系建构进行了理论阐释，又明确了新时代高校加强劳动教育的实践路径。可以说，本书体现了作者对新时代高校全面加强劳动教育问题的系统思考，也为新时代高校全面落实劳动教育课程提供了重要的参考。

本书编写分工如下：聂峰负责全书统稿并编写了前言、第六章、第七章、第八章；易志军负责书稿审阅并共同参与编写了附录和第二章；张国礼编写了第一章；张琦编写了第三章；王永顺编写了第四章；裴雯编写了第五章；杨栋编写了附录。本书在编写过程中，参考了相关文献资料，在此表示感谢。由于编者水平有限，难免存在不足，敬请广大读者批评指正。

编 者

2020 年 6 月

目 录

CONTENTS

第一章
劳动教育课程概览

在新时代，加强学生的劳动教育，努力提高学生的劳动素质，对学生的成长和国家的发展意义深远。

【教学目标】

1. 知识目标

（1）了解劳动、劳动教育的基本内涵和基本特征，了解劳动教育的具体内容。

（2）了解劳动教育的组织实施。

（3）了解新时代高校劳动教育的意义和基本特征。

2. 素质目标

懂得劳动的伟大意义，认识新时代大学生接受劳动教育的重要性和必要性。

【案例导入】

大学生需要什么样的劳动教育课？

情景一：2019级新生贺雨祺没有想到，大学必修课中竟然有劳动课——每周一次，而且有任务、有要求、有考核，必须认真完成。短短几个月时间，过去家务活都很少干的贺雨祺，已经能熟练地在食堂收拾餐具、分拣厨余垃圾。

2019年9月，四川城市职业学院开始推行一项学生管理改革：将劳动课纳入必修课，从2019级开始，每个学生必须修满每学期24学时、总计2个学分的劳动课。（2019年12月5日《中国教育报》）对此，有人认为是“多此一举”，在浪费学生时间；而也有人认为劳动课有其他课程不能替代的积极意义，能强化学生劳动观念、提升劳动技能。

情景二：四川大学锦城学院开设的“种田”课引起广泛讨论。为培养学生吃苦耐劳的品性，该学院自2006年起便开设了这门特殊的“种田”课程。该校将“种田”设置为学生的必修课，要求每名在校生必须在农场里修满40个学时、共2个学分的劳动课，才能毕业。

学生、家长对“种田”课程的看法，偏向质疑的较多，认为高校教育提倡的实践课程，大部分都落脚在本校企业、社会服务、孵化基地上了，而面朝黄土背朝天的“种田”课程与劳动课程、社会实践相差甚远。

情景三：小王参加了学校组织的劳动实践活动，度过了一周与田野大地、劳作生活亲密接触的时光，回校后写的作文还获得了高分。“虽然累，但是很开心，比农家乐还有意思。”小王回到家后对父亲说。当被问到学农、职业体验活动等一系列劳动教育深层次的感受时，小王一脸严肃地讲道：“劳动实践实在太辛苦了，所以我得用功学习，上好大学、选好专业，成长为高端人才。”

【想一想】

（1）你怎么看大学开设劳动教育课？

（2）你支持学校开设劳动课吗？大学生需要什么样的劳动教育课？新时代大学生劳动教育有何意义？请结合自身的经历或见闻谈谈你对劳动教育的看法。

第一节　劳动与劳动教育概述

一、劳动的基本内涵

（一）劳动的概念

从哲学高度看，劳动是主体、客体和意义的内涵集成体。

劳动，是人类实践活动的一种特殊形式，主要是指生产物质资料的过程，多指创造物质财富和精神财富的活动，是能够对外输出劳动量或劳动价值的人类运动。在经济学中，“劳动”则是指劳动力（含体力和脑力）的支出和使用。例如在《资本论》中，马克思对“劳动”的定义是：“劳动力的使用就是劳动本身。劳动力的买者消费劳动力，就是让劳动力的卖者为其提供劳动。”

劳动是人类社会存在和发展的基本条件，是人维持自我生存和自我发展的唯一手段。劳动创造、改变未来，同时也改变着劳动者自身。劳动创造了美，它是脑力劳动和体力劳动的结合。

【知识链接】

劳动节的由来

五一国际劳动节（International Labor Day），又称国际劳动节、劳动节，是世界上大多数国家的劳动节。1886 年 5 月 1 日，芝加哥的 20 多万工人为争取实行 8 小时工作制而斗争，终于获得了胜利。为纪念这次工人运动，1889 年 7 月 14 日，由各国马克思主义者召开的社会主义者代表大会在法国巴黎隆重开幕。大会上，与会代表一致同意：把 5 月 1 日定为国际无产阶级的共同节日。这一决议得到世界各国工人的积极响应。从此，每逢这一天世界各国的劳动人民都要庆祝。

中国中央人民政府政务院（现国务院）于 1949 年 12 月作出决定，将 5 月 1 日确定为劳动节。1989 年后，国务院基本上每 5 年表彰一次全国劳动模范和先进工作者，每次表彰 3000 人左右。

各个国家的“五一”

中　国

每年的这一天，举国欢庆，人们换上节日的盛装，兴高采烈地聚集在公园、剧院、广场，参加各种庆祝集会或文体娱乐活动。“五一”期间，无论是在央视晚会中，还是在各个政府机构、社会团体中，都会对全国范围内或者全单位、团体范围内的优秀工作者进行表彰。

俄罗斯

自国际上设立劳动节以来，俄罗斯一直比较重视这个特别的节日。“五一”这天，俄罗斯全国放假，并举行各种庆祝活动及群众性游行活动。

美　国

特殊的是，美国政府后来在设立劳动节时，自行规定每年 9 月的第一个星期一为劳动节，所以美国人的劳动节不在 5 月，而在 9 月。每逢 9 月的劳动节，美国人可以放假一天。

（二）劳动的特征

1. 人类专属性

从表面上看，劳动作为一种活动，是对自身生活有用的自然物质的占有，这好像与自然界的动物的活动没有什么区别。如蜘蛛通过织网来捕食猎物，蜜蜂通过建筑蜂房而储存蜂蜜，燕子通过衔草筑巢来繁殖后代。然而，动物的这些活动不能称之为劳动，因为它是一种动物生存的本能。人的劳动和动物的本能活动最不同的地方，是在于人的劳动是具有自觉意识支配的、能动的和具有一定目的的活动。

2. 自觉意识和能动性

马克思指出："蜘蛛的活动与织工的活动相似，蜜蜂建筑蜂房的本领使人间的许多建筑师感到惭愧。但是，最蹩脚的建筑师从一开始就比最灵巧的蜜蜂高明的地方，是他在用蜂蜡建筑蜂房以前，已经在自己的头脑中把它建成了。"人类在劳动时不仅知道为什么去做、怎样去做，而且知道将会做成怎样，这些就是人类劳动和动物本能活动之间的本质区别。劳动具有自觉意识和能动性，它是具有目的的活动。

3. 劳动的创造性

有自觉意识和能动性的活动，并不都是劳动。因为人是有意识和思想的，人的一切活动都受意识的支配。如旅游、跳舞、吃饭，虽然也具有目的性，但就不能称为之劳动。劳动在人的活动中，只有那些能够创造出物质财富和精神财富的创造性活动，才能称之为劳动。而前面所说的那些消费性活动，则不能称为劳动。

（三）劳动的三大基本类型

（1）体力劳动：体力劳动是指以人体肌肉与骨骼的劳动为主，以大脑和其他生理系统的劳动为辅的人类劳动。

（2）脑力劳动：脑力劳动是指以大脑神经系统的劳动为主，以其他生理系统的劳动为辅的人类劳动。

（3）生理力劳动：生理力劳动是指除了体力劳动和脑力劳动以外的其他形式的人类劳动。

一般的人类劳动由脑力劳动、体力劳动与生理力劳动按照不同的比例关系组合而成。

【经典阅读】

劳动创造历史的路线图

我们在某种意义上不得不说：劳动创造了人本身。劳动创造了人类的历史，甚至创造了人本身。现在，让我们一起看看劳动是怎样创造历史的吧！

人的进化

劳动工具的演变

劳动促进手工业发展

瓦特改良蒸汽机

劳动促进高科技时代发展

二、劳动教育的基本内涵

（一）劳动教育的概念

劳动教育是以提升学生劳动素养的方式促进学生全面发展的教育活动。由于劳动价值观是劳动素养的核心内涵，劳动教育也可以定义为是以促进学生形成劳动价值观（即确立正确的劳动观点、积极的劳动态度，热爱劳动和劳动人民等）和养成良好劳动素养（形成劳动习惯，有一定劳动知识与技能，有能力开展创造性劳动等）为目的的教育活动。

《教育大辞典》从劳动教育的内容和劳动素养出发，将“劳动教育”定义为“劳动、生产、技术和劳动素养方面的教育，旨在培养学生正确的劳动观点、劳动态度、劳动习惯，使学生获得工农业生产基本知识和技能”。

劳动教育还与“劳动技术教育”“通用技术教育”等概念相关。不过“劳动技术教育”较强调技术的学习，与职业定向存在更密切的关联；“通用技术教育”则是开展基础技术教育的课程形式，“通用技术”是其教育重点，“劳动”已不是其核心意涵。换言之，劳动教育是面向所有教育对象的普通教育，而“劳动技术教育”“通用技术教育”两个概念中虽也有“劳动”的要素，但较多指向具体技术或者通用技术的学习等，强调重点有显著差异。

在劳动价值观方面，劳动教育有助于帮助学习者确立正确的劳动观点、积极的劳动态度，拒绝“好逸恶劳”“不劳而获”等错误的价值观；形成尊重和热爱劳动过程、劳动成果和劳动主体的价值态度。在养成良好劳动素养方面，劳动教育要特别强调：第一，促进学生具备一定劳动知识与技能，成为全面发展的人；第二，发展学习者创造性劳动的潜质，成为新时代所需要的创造性劳动者；第三，形成良好的劳动习惯，成为“流自己的汗、吃自己的饭”的有尊严、有教养的现代公民。

（二）劳动教育的基本特征

1. 本质的自然性

劳动是生命存在的标志。为了吃饭就必须劳动，这是普遍的自然规律，这句话揭示了劳动的本质属性，即劳动是人类存在的形式、路径与意义所在。人类因有目的的劳动成就自身，同时因为有价值的劳动改造社会、促进社会、发展社会。为了存话，劳动是自然的，劳动教育也就是自然的，而且应当是一种由内而外、充溢于天地间的自然自觉，所以，本质的自然性是劳动教育首要的特征。这一特征从本源上决定了劳动教育在人的全面发展过程中的根基性，证明了劳动教育作为学科结构的有机组成对于人的全面发展的不可或缺性。

2. 内涵的统领性

劳动是人的存在方式，也是社会氛围，更是精神传承。劳动教育在学校教育中虽然不占核心位置，更不能提供认识社会的整体知识，但在人的全面发展过程中却具有统领意义。内涵的统领性，关键不在于内容，而在于意义。如果能领会到整个教育过程中满溢的这种在场的“劳动性”，即从纯粹的“劳动力”认知走向充溢的“劳动性”体验，便能更深入地解读“劳动”与“劳动教育”，有助于让人们在劳动中发现自己、发展自己、完善自己。

3. 概念的发展性

一部人类发展史，实际上就是人类改造自然的劳动发展史。在人类发展过程中，劳动从其原始形态逐渐过渡到现代形态，即使是在劳动高度机械化、智能化的将来，形似简单的劳动也不是以往的简单劳动的回归，而是一种更深意义上的复杂劳动。时代的发展不断改变着劳动结构，劳动结构的变化又不断更新着人们对劳动教育的理解与期待，劳动教育的概念就这样被不断发展、不断丰富。所以，不能再单纯地理解劳动教育，而是要在一个变迁、转型、过渡的意义上去理解今天的劳动和劳动教育，它是发展的，同时也是复杂的，在发展中产生复杂，在复杂中孕育发展。

4. 价值的召唤性

劳动是人类创造财富的唯一途径，人类因这些财富得以生存、发展、壮大，这一点应该被人类铭记。劳动的价值、意义应该被代代相传，而不应出现断层。不劳而获、一夜暴富的思想根源于对劳动的无视与轻视，是劳动意识整体失落的集中体现，劳动意识淡薄、劳动能力下降、劳动素质不高等一系列社会问题都是它的“蝴蝶效应”。劳动教育是一种聚焦，一种提醒，更是一种价值召唤：以劳动教育唤起劳动意识，以劳动意识培养劳动习惯，以劳动习惯提高劳动能力，以劳动能力增强劳动素质，这种价值召唤对于民族自尊、民族自信、民族自豪都是一种严肃的重塑，对实现中华民族伟大复兴的中国梦具有重要意义。

5. 形态的时代性

由于人类劳动的形态处在不断演进的过程之中，具体表现为脑力劳动的比重不断增加、新形态的劳动不断形成。所以劳动教育包括参加体力劳动，但又不能狭隘理解为简单的体力劳动锻炼。劳动教育应依据劳动形态的演进而与时俱进。学校应创造条件让学生参加服务性劳动、创造性劳动等，形成当代劳动教育的新方向。此外，劳动价值观形成的基础是社会大众对劳动价值的肯定认知，若社会没有尊重劳动的分配机制与舆论氛围，学校的劳动教育必然孤掌难鸣，难有实质成效。家庭教育中的劳动教育环境影响对劳动教育的推行也有巨大促进作用。因此，学校必须与家长和社会携手合作才能取得劳动教育的实效。

【拓展阅读】

五育并举

德智体美劳五育并举，德育为先，劳育为本。

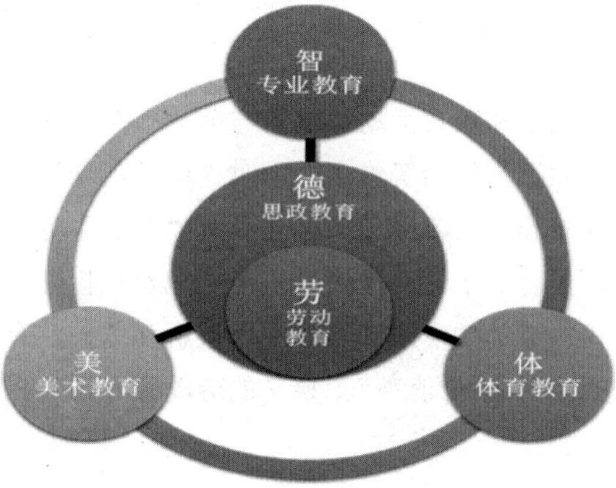

五育并举五者的关系

三、劳动教育的内容

（一）劳动精神

“精神”一是指“人的意识、思维活动和一般心理状态”，另外是指“（人）所表现出来的活力”和“活跃、有生气”。“劳动精神”，则主要指人们对劳动的热爱态度以及劳动者在劳动过程中体现出来的积极人格气质。前者包含对于劳动价值的认识、对于劳动的正向态度以及对劳动者、劳动过程、劳动成果的尊重等。在日常生活中，劳动精神的学习常常与向劳动者尤其是向“劳动模范”的榜样学习联系在一起。

大学生是国家建设的主力军，是国家的未来和希望，担负着建设社会主义、实现社会主义现代化、振兴中华民族的历史重任，因此，我们的传统美德和精神非但不能丢，还要在新的历史时期让它发扬光大。因此，对大学生进行劳动精神和劳动意识的教育就显得尤为重要。这种精神动力，也将激励着我们为实现自身价值、为社会进步而辛勤劳动，脚踏实地地劳动，在劳动中创造价值、实现价值。

（二）劳动价值观

人们的劳动认识和实践会受到劳动价值观的影响，在正确的价值观指导下人们才会做出正确的行为，因此，要进行大学生劳动教育需从劳动价值观的教育入手，让观念先行。劳动价值观是人们对劳动的价值、目的和意义等的观念认识，直接影响着人们的劳动态度、劳动价值取向、劳动目标的追求、劳动价值的评判。它是人们劳动认识和实践活动达到自觉的重要标志。

（三）劳动素养

劳动素养，指经过生活和教育活动形成的与劳动有关的人的素养，包括劳动的价值观（态度）、劳动的知识与能力等维度。同时“劳动素养”也具有规范性概念的特征。说某人具有“劳动素养”，实际上指某人具有“好的”劳动素养。一个有良好劳动素养的人，一方面应当有对于劳动价值的正确认识及积极态度，另外一方面一定也有对于劳动的理论知识与劳动的实践策略的深入了解和掌握，有良好的劳动习惯。故广义的“劳动素养”包含“劳动价值观”，狭义的劳动素养则专指与劳动有关的知识、能力、习惯等。

（四）劳动技能

大学生培养的最终目的是要为社会输送品德与能力兼备的新型劳动者，然而大学课程的设置更多的是偏重理论学习，这就导致了大学生劳动实践能力的不足，这显然不符合社会对人才的要求。因此，劳动教育就是要通过劳动实践活动使理论能够联系实际，使大学生的所学能够致用，使大学生能够掌握劳动实践的技能。大学生劳动技能教育大致包含两部分的内容：一部分是教学计划内的劳动教育，这需要结合大学生所学专业的特点具体安排，包括教学实验、课程设计、专业实习、毕业设计、生产见习等；另一部分是教学计划外的劳动教育，包括学校提供的科技文化服务、勤工助学活动、支教服务以及大学生自主参与、组织的社会公益劳动、生产劳动以及其他形式的社会实践活动等。

（五）劳动习惯

大学生是备受社会关注，被寄予了厚望的一个群体，但是近年来出现的大学生劳动习惯堪忧的问题需要引起我们的重视。一方面是生活自理能力的下降以及不良行为习惯的产生，诸如洗衣、做饭、打扫卫生等基本的个人劳动能力不足，公共卫生清洁意识差，体力劳动缺乏，生活懒散，浪费粮食，浪费各种资源等；另一方面体现在学业学习上的懒惰，诸如学业上不够勤勉、不够自律、缺乏刻苦钻研的精神、考试过程中的作弊行为等。因此，大学生劳动教育应重视其劳动习惯的养成，使学生无论在体力劳动还是在脑力劳动方面都能养成良好的习惯，并形成一种自觉行为。大学教育要培养的是全面发展的人，需要通过劳动教育使学生养成良好的个人生活习惯及勤奋严谨的学习风尚。

【实践活动】

向校园劳动者致敬

一、活动主题

向校园劳动者致敬。

二、活动宗旨

对劳动形态有一个总体的把握，并理解“每一种职业都是有价值的劳动岗位”这句话；对校园劳动者进行观察和了解，树立一种尊重劳动、尊重劳动者的意识；能用自己的实际行动表达对校园各类劳动者的敬意。

三、活动时间

2周。

四、活动主体

全班同学。

五、活动实施

（1）现场观察：学生分小组对校园内的劳动者进行观察，了解校园内都有哪些职业，有哪些类型的劳动者。

（2）实证调查：各小组调查全校同学对劳动者的评价，了解大家对各类劳动者的真实态度。

（3）总结交流：各小组结合调查进行交流，归纳校园内的各类劳动者，总结大家对于各类劳动者的态度，讨论应该怎样对待不同岗位的劳动者。

（4）劳动写真：用拍摄照片、视频、文字描述等形式捕捉校园各岗位上的劳动者的劳动瞬间。

（5）公开展示：将记录校园劳动者美丽瞬间的作品进行展示，让同学直观了解各类劳动者之美。

第二节　劳动教育的组织实施

一、劳动教育的基本原则

1. 把握育人导向

坚持党的领导，围绕培养担当民族复兴大任的时代新人，着力提升学生综合素质，促进学生全面发展、健康成长。把准劳动教育价值取向，引导学生树立正确的劳动观，崇尚劳动、尊重劳动，增强学生对劳动人民的感情，积极致力于报效国家、奉献社会。

2. 遵循教育规律

劳动教育要符合学生年龄特点，以体力劳动为主，注意手脑并用、安全适度，强化实践体验，让学生亲历劳动过程，遵循教育规律，提升育人实效性。

3. 体现时代特征

新时代劳动教育要适应科技发展和产业变革，针对劳动新形态，注重新兴技术支撑和社会服务新变化，体现时代特征。深化产教融合，改进劳动教育方式。劳动教育要强化诚实合法劳动意识，培养科学精神，提高创造性劳动能力。

4. 强化综合实施

加强政府统筹，拓宽劳动教育途径，整合家庭、学校、社会各方面力量。家庭劳动教育要日常化，学校劳动教育要规范化，社会劳动教育要多样化，三方合力形成协同育人格局。

5. 坚持因地制宜

根据地区和学校实际，结合当地在自然、经济、文化等方面条件，充分挖掘行业企业、职业院校等可利用资源，宜工则工、宜农则农，采取多种方式开展劳动教育，避免“一刀切”。

二、劳动教育的目标

劳动教育要准确把握社会主义建设者和接班人的劳动精神面貌、劳动价值取向和劳动技能水平的培养要求，全面提高学生劳动素养，使学生达到以下目标。

1. 树立正确的劳动观念

正确理解劳动是人类发展和社会进步的根本力量，认识劳动创造人、劳动创造价值、劳动创造财富、劳动创造美好生活的道理，尊重劳动，尊重普通劳动者，牢固树立劳动最光荣、劳动最崇高、劳动最伟大、劳动最美丽的思想观念。

2. 具有必备的劳动能力

掌握基本的劳动知识和技能，正确使用常见的劳动工具，增强体力、智力和创造力，具备完成一定劳动任务所需要的策划能力、操作能力及团队合作能力。

3. 培育积极的劳动精神

领会“幸福是奋斗出来的”的内涵与意义，继承中华民族勤俭节约、敬业奉献的优良传统，弘扬开拓创新、砥砺奋进的时代精神。

4. 全面提高个人劳动修养

能够自觉自愿、认真负责、安全规范、坚持不懈地参与劳动，形成诚实守信、吃苦耐劳的品质。珍惜劳动成果，养成良好的消费习惯，杜绝浪费。

三、劳动教育的实施

（一）组织领导

在学校党委领导下，成立劳动教育管理委员会，确定一名成员主持劳动教育管理委员会工作，负责劳动教育管理和劳动实践基地建设；由教务处制定实施方案，明确课程设置，建立课程资源，制定考核标准，各二级学院负责劳动教育的组织实施和日常管理。

（二）师资建设

根据劳动教育需要，配备必要的专任教师。通过不定期的在职培训等措施，建立专兼职相结合的劳动教育师资队伍。设立劳模工作室、技能大师工作室、荣誉教师岗位等，聘请相关行业专业人士担任劳动实践指导教师。把劳动教育纳入教师培训内容，开展全员培训，强化每位教师的劳动意识、劳动观念，提升其实施劳动教育的自觉性；对承担劳动教育课程的教师进行专项培训，提高其劳动教育专业化水平。

（三）课程资源

学校从实际出发成立劳动教育校本教材开发小组，开发适用于本校的劳动教育教材。教务处、学生处、校产管理处、后勤管理处、各二级学院制定劳动实践基地建设规划，逐步完善学校劳动实践基地。教师要充分利用和开发学校潜在的教育资源，引入与学生生活实际、社会生产实际相关的教学内容，使学生感受新信息和新科技，有效实现劳动教育目标。

（四）教育管理

劳动教育过程中，教师应与学生积极互动、共同发展，要处理好知识目标与素质目标的关系，注重培养学生的独立性和自主性，引导学生质疑、探究，促进学生主动地、富有个性地在实践中学习。教师应尊重学生的人格，关注个体差异，区别对待动手能力不同的学生。注重在活动中调动学生的积极性，依靠学生固有的经验，充分挖掘学生的潜能，并注重实施跨学科教学，全面培养学生包括专业能力、社会能力等综合行为能力。

（五）展示评价

建立健全劳动教育评价机制，将劳动素养纳入学生综合素质评价体系和综合素质学分评定中，制定评价标准，建立激励机制，组织开展劳动技能和劳动成果展示、劳动竞赛等活动，全面客观地记录课内外劳动过程和结果，加强对学生实际劳动技能和价值体认情况的考核。学校要建立公示制度、审核制度，确保记录真实可靠。要把劳动素养评价结果作为衡量学生全面发展情况的重要内容，作为评优评先的重要参考和毕业依据。

（六）安全保障

加强对师生的劳动安全教育，鼓励师生购买劳动安全相关保险，强化劳动风险意识，建立健全安全教育与管理并重的劳动安全保障体系，保障劳动教育正常开展。科学评估劳动实践活动的安全风险，认真排查、清除学生劳动实践中的各种隐患，特别是辐射、疾病传染等。在场所设施选择、材料选用、工具设备和防护用品使用、活动流程等方面制定安全、科学的实施规范，强化对劳动过程每个岗位的管理，明确各方责任，防患于未然。制定劳动实践活动风险防控预案，完善应急与事故处理机制。

【拓展阅读】

西北师范大学搭建劳动教育实践平台

为了促进学生全面发展、健康成长，让学生在实践中体会平凡劳动中的伟大，西北师范大学率先在学生社区推行“劳动实践课”。

“作为一名学生党员，我们有责任、有义务积极探索劳动教育新内涵，带动更多的学生参与劳动实践，为公寓的净化、美化贡献力量。”多次参加劳动实践课的该校地理与环境科学学院学生党员陈天舒如是说。

为了让这门“实践课”更生动，西北师范大学让劳动教育进公寓。定期在兰天学生公寓组织开展“践初心·当先锋”党员义务劳动主题日活动，每次都能吸引到学生社区 100 余名党员参加活动。

历史文化学院学生党员宋万山在“我的劳动观”留言板上写下：“义务劳动虽然是从整理宿舍内务、打扫卫生、捡拾公寓垃圾、清扫树叶、擦洗盆景等身边劳动做起，但是给我很大的启迪，让我真正体会到，任何一项劳动都凝结着别人的辛勤付出，尊重劳动、热爱劳动、投身劳动是新时代大学生应该具有的品格”。

西北师范大学校长刘仲奎认为，在学生成长的每个环节，无论课堂内还是课堂外，都有价值引导的问题，让学生上好“劳动实践课”，在以劳树德、以劳增智、以劳强体、以劳育美中，实现全面育人价值。

有了学生的参与，宿舍内务及卫生状况有了明显改善，学生热爱劳动、尊重劳动、崇尚劳动的观念正在形成。同时，该校还在学生社区构建了“辅导员+学生党员+宿舍互助引导员”的网格化管理体系，发挥学生党员的模范带头作用，让劳动最光荣、劳动最崇高、劳动最伟大、劳动最美丽的观念蔚然成风。

“我觉得打扫公寓卫生这样的劳动，不是让我们干多少活，而是唤醒更多同学对公共环境卫生保护的意识，让更多同学学会尊重别人的劳动成果。”已推免至复旦大学攻读博士学位的大四学生沈院感触很深，他在这个“岗位”上坚守了 4 年，在他的影响下，更多的学生“上岗”。

这是西北师范大学重视劳动教育，常态化为学生搭建的实践平台。同时，该校还构建了物质帮助、道德浸润、能力拓展、精神激励有效融合的资助育人长效机制。在学生公寓设立互助发展引导员岗位，宿舍、楼层、楼宇三级互助发展引导员、公寓安全信息员、公寓文化宣传采编员分工明确的 3860 多个实践岗位被学生“认领”，“宿舍+楼层+楼宇”的网格化学生自主管理体系自此搭建。

从自我做起，从点滴做起，带动周围的人共同行动起来。这是西北师范大学 3860 名“自律咖”的“宣言”。在这一宣言的感召下，全校 1.5 万多名学生参与其中。以此全面推进劳动教育常态化，带动每个学生都成为学校的主人，为“以劳树德、以劳增智、以劳强体、以劳育美”的劳动教育机制开辟了新途径。

——资料来源：中国教育报 2020-05-04

【探索思考】

你喜欢劳动吗？平时在生活中劳动的机会多吗？你希望在劳动教育中“邂逅”怎样的劳动形式，请你写下来。

____

____

四、劳动教育工作要求

（一）坚持实践性要求

实践性是劳动教育工作的基本要求。学生亲身参加劳动操作实践是劳动教育的主要形式和基本方法。实践是劳动教育必不可少的环节。创新素质只有在解决实际问题的过程中才能得到发展。学校要结合实际，创设足够的时间和空间，千方百计为学生创设劳动操作的条件，让学生在实践中掌握知识和技能。学校、教师要切实做好指导和管理工作，提高劳动教育的教学效果。

（二）坚持技术性要求

随着科学技术的迅猛发展，在基础教育中加强技术教育，已成为世界性潮流。在劳动教育上，无论是生活劳动或生产劳动，在确立学生的主体地位的同时，都要紧紧围绕提高学生劳动技术素质这一中心，注重培养学生的技术意识，发展学生的技术思维能力，提高学生的智力水平、创新精神和实践能力。

（三）坚持基础性要求

劳动教育是从基础教育阶段开始培养学生劳动技能素质的一门基础性课程，应该使学生具备基本的技术处理能力，以适应未来的职业生活、家庭生活和社会生活。在劳动教育中，通过某些劳动技术项目的学习，使学生掌握相关的劳动知识，提高他们运用工具进行加工的动手操作能力和思维能力，为将来的发展、成长打下坚实的基础。

（四）坚持适应性要求

教师在实施劳动教育时，要根据学校实际，选择合适的内容和形式。在进行课本知识教学的同时，要不断地融入新科学、新技术的教学，使劳动教育教学能够适应科学技术和社会经济发展的需要。劳动教育还须注意适应学生年龄、性别、个性差异等生理、心理特征和知识、技能的水平，把握好劳动教育内容的可接受性。

（五）坚持开放性要求

在劳动教育过程中，既要保证学生主体有足够的劳动实践活动的时间，使学生通过劳动实践活动来理解、认识、探索和创造，又要使学生在独立与合作的各项活动中得到交流和精神体验。劳动教育的综合性、实践性决定了它开放的性质。教学活动、学生实践操作活动的时间应有弹性，教学内容应不拘泥于教材，要做到课内课外、校内校外相结合，这对于改变学校劳动教育内容过于单一、要求过于统一的状况，有积极的意义。劳动成果的呈现方式应该是开放的，是学生在广阔的时空中实践和探索得来的。把实施劳动教育与各项实践活动有机地结合起来，逐步构建学校、社会、家庭相互协调、互为补充的劳动教育体系，能够为对劳动有特殊兴趣和爱好的学生，提供一个充分发挥自己天赋、才能和创造力的新思路。

（六）坚持安全性要求

劳动教育必须确保学生的安全。劳动教育的主要教学方式是让学生动手操作，操作过程涉及材料、工具、设备等都带有不安全因素。因此，要规定各个项目的操作程序和安全规程，并制定必要的安全检查制度。

【探索思考】

请查阅相关资料并观察下表，思考第四次工业革命的特征是什么？

比较内容	第一次工业革命	第二次工业革命	第三次工业革命	第四次工业革命
时间	18 世纪 60 年代开始至 19 世纪上半期	19 世纪末 20 世纪初	20 世纪四五十年代开始至今	
领先国家	英国	英国、德国等	美国	
进入时代	蒸汽时代	电气时代	信息时代	
主要发明成果	珍妮纺纱机、蒸汽船、汽船、火车	电灯、电车、电影放映机、发电机、汽车、电话、飞机	电子计算机技术、航空航天技术、现代生物技术	
主要动力能源	蒸汽、煤炭	电力、石油	核能、生物能源等	
生产方式	机器生产	电气生产	自动化生产	

【拓展阅读】

陶行知的劳动教育观：生活·劳动·教育

陶行知是中国伟大的人民教育家，其一生都在为改造中国教育、服务人民大众而不断奋斗，并且留下了大量的著述。陶行知有着深厚的教育理论体系与丰富的教育实践活动，其教育理论体系与教育实践活动是相辅相成的，而不是互相割裂的。20 世纪 20 年代至 40 年代，陶行知的具体教育实践活动主要是创办晓庄学校（乡村师范学校）、山海工学团、育才学校等。在此基础上，他构建了自己的生活教育理论体系。他的生活教育理论源于教育实践，同时也指导着教育实践，正如他（1932）将王阳明的知行观转换成行知观，提道：“行是知之始，知是行之成。”

陶行知生活教育理论的核心内容为“生活即教育，社会即学校，教学做合一”，强调在做中教、在做中学，教学做三位一体。由此可知，连接生活与教育的纽带是“做”，活动表现为“劳力”与“劳心”的结合。纵观陶行知生活教育理论，不难发现，劳动教育思想在某种程度上是其生活教育理论的基石与核心。劳动教育是现代教育目标的 5 大方面之一，是人的全面发展的必然要求。深入分析陶行知的劳动教育思想，挖掘其内涵与特点，有助于我们加深对其生活教育理论的理解，同时对于当前各学段开展劳动教育具有重要借鉴意义。

一般在探讨教育的起源问题时，都会论及教育的劳动起源说。这一学说认为“劳动创造了人，因而劳动必然是教育产生的最初的本源”。由此可知，劳动在人类社会发展和教育活动中具有重要的作用。教育家苏霍姆林斯基曾认为，“劳动教育是对年轻一代参加社会生产的实际训练，同时也是德育、智育和美育的重要因素”。这同样表达了劳动教育在学生的物质生活与精神生活中的重要作用。关于劳动教育的内涵或定义，马克思曾指出：“教育同生产劳动相结合是提高社会生产的一种方法，教育同生产劳动相结合是改造现代社会的最强有力的手段，是造就全面发展的人的唯一方法。”

《中国百科大辞典》（1990）指出，“劳动技术教育是全面发展教育的重要组成部分之一，由劳动教育和技术教育两方面组成，劳动教育是以劳动实践为主，结合进行思想教育”。可见，劳动不仅是教育起源的重要方面之一，也是教育实践的主要内容之一。

概览中国现代教育史，陶行知是最早提出教育与生产劳动结合的教育家。陶行知生活教育的核心内容之一即以生活为中心的教育，而对于什么是生活，陶行知（1934）给出了简明扼要的定义——“劳动即生活”，揭示了生活的基本内涵。人类社会的劳动生活包括了社会生活的各个方面，人想要什么样的生活，必须参加相应的劳动和生活实践活动。因而，教育与生产劳动和社会生活相结合是生活教育理论的内在需求。陶行知的劳动教育思想集中体现在以下几个方面。

手脑并用

“手脑并用”是陶行知生活教育理论的具体目标之一，也是其劳动教育思想的目的。陶行知（1928）曾说：“劳动教育的目的，在谋手脑相长，以增进自立之能力，获得事物之真知及了解劳动者之甘苦。”要想达到这样一种目的，则“非师生共同用手做事不可”。而当时中国的教育方式是教育与生产劳动、社会活动相脱节，“教用脑的人不用手，不教用手的人用脑，所以一无所能（陶行知，1931）”，将中国的教育导向了歧路。因而，陶行知将教育与生产劳动、社会生活密切联系起来，以彻底改造这种教育，从而培养造就手脑并用的一代新人。陶行知针对当时中国存在的“软手软脚病”和“笨头笨脑病”，相应地开出了两贴膏药，一贴主要针对旧知识分子“呆头呆脑”的“脑化手”，另一贴针对无产阶级的农人和工人“粗手粗脚”的“手化脑”。他认为，“一个人要有贡献于社会，一定要手与脑缔结大同盟”“中国教育革命的对策是使手脑联盟，结果是手与脑的力量都可以大到不可思议”。就此，他还专门作了一首《手脑相长歌》：“人生两个宝，双手与大脑。用脑不用手，快要被打倒。用手不用脑，饭也吃不饱。手脑都会用，才算是开天辟地的大好老。”这十分形象且深刻地阐述了教育与生产劳动、社会活动相结合的伟大意义。

在劳力上劳心，用心以制力

“在劳力上劳心”是陶行知劳动教育思想的理论基础。陶行知认为，在传统教育之下，劳心者与劳力者是相分离的，因而造成了“田呆子”（劳力者）和“书呆子”（劳心者）两个极端。当时的学校里存在严重的劳心而不劳力、读书而不做工的“书呆子”现象，“教书的人是‘教死书’‘死教书’‘教书死’；读书的人是‘读死书’

‘死读书’‘读书死’（陶行知，1932）”，而社会上的“田呆子”只知道“做死工”“死做工”“做工死”。这种传统的教育方式已经严重威胁到国家的危亡，而要挽救危亡，必须做到两条：“（1）教劳心者劳力，教读书的人做工；（2）教劳力者劳心，教做工的人读书。（陶行知，1932）”只有人人在劳力上劳心，才没有废人，没有阶级，而且可以征服天然的势力，获得事物的真理。陶行知（1927）说，“在劳力上劳心，是一切发明之母。事事在劳力上劳心，便可得事物之真理”。这也就是说，不仅要有物质生产的劳动，更要有精神生产的劳动，要在物质生产劳动的基础上进行精神心灵的劳动，这才是陶行知所倡导的合理的劳动教育。这种“在劳力上劳心”的教育，“能够造就在劳力上劳心的人类，才能征服自然势力，创造大同社会”。

“行——知——行”

陶行知批评过去的教育以学校作为知识的唯一来源，将王阳明的“知是行之始，行是知之成”的观念奉为圭臬。陶行知后来发现，需要将王阳明的话“翻个筋斗”，改为“行是知之始”，行才是知识的来源，也是创造的基础。陶行知（1931）曾对行动、知识与创造三者的关系进行了非常形象的阐述，说“行动是老子，知识是儿子，创造是孙子”，不管是获取知识，还是进行创造，前提都必须行动，都须做或是实践，在实践中求得知识，然后进行创造。陶行知将行动放在首要位置，体现出他对实践的重视。而在学校中开展行动教育，培养学生的行动意识，即要求学生从事劳动，在劳动中获得知识，将知识应用于劳动，劳动是工具或方法，知识是目的，二者不可分割。陶行知（1927）曾对教育做出如此定义：“教育是什么？教育是教人发明工具，制造工具，运用工具。生活教育教人发明生活工具，制造生活工具，运用生活工具。”这不仅阐明了陶行知生活教育的内涵，也道出了陶行知劳动教育所遵循的逻辑“行——知——行”。

——资料来源：搜狐网 2019-02-19

【探索思考】

（1）如何区分劳动、实践和活动？

____

____

____

（2）为什么要开展劳动教育？

（3）在劳动教育中，家庭、学校、社会分别应该发挥什么作用？

（4）辩论：脑力劳动和体力劳动哪个更重要？

第三节　新时代劳动教育概述

一、新时代劳动教育的意义

（一）重视劳动教育是中华民族的优良传统

我国劳动教育源远流长。“民生在勤，勤则不匮。”早在春秋时期，我国先民就告诫世人唯有辛勤劳动才不会缺衣少食。他们不仅自己懂得劳动的重要性，而且训育子女尊重劳动，珍惜劳动果实，以积极的态度参加劳动。我国儒家提出的大同社会所描绘的“壮有所用，幼有所长”“力恶其不出于身也，不必为己”的画面就内含对有劳动能力的人应当劳动的伦理要求。南北朝时期的《颜氏家训》和明末清初的《朱子家训》，都表达了注重通过衣食住行等日常生活中的劳动实践，发挥家庭在劳动教育中的基础作用。作为我国古代教育与生产劳动相结合的典型形式，“耕读传家”是我国古人非常推崇的社会风尚。“耕”指从事农业劳动；“读”即读书、学习。耕读不仅扩大了教育的社会基础，促使读书人自食其力，同时也成为其培养品格、磨砺心性的重要方式。

【拓展阅读】

古诗词里的“劳动”美

千百年来，人类用自己的劳动来改造世界，创造财富，改善生活。在我国古代的文字记录中，有不少和劳动有关的诗词歌赋。

翻开我国古代诗歌作品，历代文人墨客都写下了许多关于古人辛勤劳动的诗篇，歌颂劳动之美、劳动之乐的美好情怀。《诗经》是我国最早的一部诗歌总集，里面就有大量描绘劳动生产的农事诗。像那首著名的描写伐木工人劳作的民歌《伐檀》，一开头就讲“坎坎伐檀兮，置之河之干兮”，《芣苢》诗曰：“采采芣苢，薄言采之。采采芣苢，薄言有之。采采芣苢，薄言掇之”，这是农妇们采摘车前子草时所唱的歌谣，既生动又欢快，热情歌颂了劳动人民热爱劳动的高贵品质。

“锄禾日当午，汗滴禾下土。谁知盘中餐，粒粒皆辛苦。”唐代诗人李绅的《悯农》妇孺所知，寥寥数句，就把劳动者的辛勤和劳苦写到了极致。他的另一首《悯农》：“春种一粒粟，秋收万颗子。四海无闲田，农夫犹饿死。”则形象地描绘了彼时到处硕果累累的景象，突出了农民辛勤劳动获得丰收，却依然吃不饱、穿不暖、惨遭饿死的现实问题，读来令人感慨动容。

陶渊明不为五斗米折腰，甘愿归田务农，他把农活写进诗里，充满诗情画意。譬如他的《归田园居》：“种豆南山下，草盛豆苗稀。晨兴理荒秽，带月荷锄归。道狭草木长，夕露沾我衣。衣沾不足惜，但使愿无违。”全诗平淡自然、清新质朴，言简意长，真挚感人，抒写了对田园生活的热爱以及享受田园劳作之乐的惬意、闲适的心情。他在《庚戌岁九月中于西田获早稻》一诗中写道：“人生归有道，衣食固其端，孰是却不营，而以求自安”，告诫了人们要自食其力，勤奋劳动，如果什么事都不做，又怎么能解决自己的温饱问题呢？

白居易在《观刈麦》里把劳动的艰辛描绘得细致入微，生动感人。“田家少闲月，五月人倍忙。夜来南风起，小麦覆陇黄。妇姑荷箪食，童稚携壶浆。相随饷田去，丁壮在南冈。足蒸暑土气，背灼炎天光。力尽不知热，但惜夏日长。”五月，是麦收时节。妇女领着小孩往田野去，给正在割麦劳作的男子送饭送水，这些农民在麦田埋头割麦，脚下暑气熏蒸，背上烈日烘烤，累得筋疲力尽也不觉得炎热，为的是珍惜夏天昼长能够多干点活。读着这样的诗句，我们不能不为诗人对农家的同情与怜惜之情所感动。他的另一首名作《卖炭翁》，也充满了对劳动人民的真挚感情，引人深思，扣人心弦。

“富贵本无根，尽从勤里得。”人世间的一切幸福都需要靠辛勤的劳动来创造，劳动最光荣，劳动最伟大，劳动最美丽。崇尚劳动、热爱劳动、尊重劳动永远是中华民族的传统美德。

——资料来源：京工网 2020-04-29

（二）加强劳动教育是促进大学生全面发展的现实需要

1. 有助于学生养成良好的劳动习惯

新时代是劳动者的时代、奋斗者的时代。广大青少年是国家未来的建设者和接班人，如何引导广大青少年树立正确的劳动价值观和良好的劳动品质，这既是破解他们怎样获得人生幸福的现实命题，又是关系能否培育担当民族复兴大任时代新人的重大课题。但是，近年来，一些青少年中出现了不珍惜劳动成果、不想劳动、不会劳动的现象，劳动的独特育人价值在一定程度上被忽视，劳动教育有时被淡化、弱化。学校应该教育引导广大青少年树立热爱劳动的意识、养成热爱劳动的习惯，努力培育更多担当民族复兴大任的时代新人。

2. 有助于提高学生学习的积极主动性

近年来，一些大学生缺乏学习动力，不要学、不肯学、不勤学，上课缺课、迟到、早退现象严重。课堂纪律较差，考试作弊屡禁不止，严重影响着校风学风建设，这与大学生的历史使命格格不入。要通过劳动教育，引导学生进一步认识创造财富的劳动是辛苦的，而学习和掌握科学知识的劳动则是一种艰苦的脑力劳动，只有端正学习目的，树立远大理想，养成扎扎实实的学习习惯，掌握科学文化知识，才能练就过硬本领。

3. 有助于学生形成正确的价值观念

劳动教育对于引导学生践行社会主义核心价值观具有重要意义。当今演艺圈的“天价”片酬和“阴阳合同”、娱乐选秀节目批量造星、“流量小生”一夜暴富、“网络红人”靠打赏日进斗金，这些社会不良风气和乱象，如同雾霾一般无孔不入，侵蚀学生的心灵，扭曲其价值观念，助长好逸恶劳、拜金主义、享乐主义和极端个人主义的思想。只有通过劳动教育，让学生热爱劳动、尊重劳动，尊重每一位劳动者，使他们真正认识到劳动是财富的源泉；让他们相信劳动是推动人类社会进步的根本力量，社会发展中的各种难题，只有通过创造性劳动才能破解；让他们自觉将日常生活与理想追求紧密结合，在劳动创造中实现远大理想和个人目标，树立依靠辛勤劳动、诚实劳动，以劳动获取财富、实现人生价值的正确思想观念。

4. 有助于培养学生的艰苦奋斗精神

艰苦奋斗是中华民族的传统美德，也是社会主义精神文明建设的重要内容。要通过劳动教育，培养学生自立自强、不怕艰苦、追求真理的大无畏精神，增强自身的责任感，培养学生的奋斗精神。人世间的一切幸福都需要靠辛勤的劳动来创造，作为中华民族的传统美德，艰苦奋斗、自强不息自古以来就是我们民族精神的重要内容。正是依靠这种艰苦奋斗精神，中华民族才能历经沧桑而不衰，巍然屹立于世界民族之林。劳动教育重在引导学生尊重劳动、崇尚劳动、参与劳动，在劳动实践中感悟劳动的价值，为大学生奋斗精神的养成提供了有效途径。

【经典阅读】

奋斗的人们最美丽，奋斗的国家正青春

2020年的“五一”，注定是一个不平凡的节日。在这个特殊的日子里，中华全国总工会和中央广播电视总台共同举办的《中国梦·劳动美——致敬劳动者“五一”特别节目》在央视播出，唱响了对劳动者的真情礼赞，凝聚起持续奋进的磅礴力量。

劳动创造历史，奋斗成就奇迹。2020年突如其来的新冠肺炎疫情，对我国经济社会发展带来前所未有的冲击。经过艰苦卓绝的努力，湖北保卫战、武汉保卫战取得决定性成果，全国疫情防控阻击战取得重大战略成果。这来之不易的成绩，彰显了无数劳动者的坚守奉献，凸显了劳动的伟大、奋斗的至关重要。在由张国立、温玉娟、黄轩、王鸥、尚大庆、全总话剧团共同带来的情景表演《你看！春天的花海》中，我们重温了那些迎接英雄凯旋、感怀春暖花开的故事，感受到劳动者们英勇抗击疫情的无畏精神；由中文、英语、老挝语、意大利语、俄语、阿拉伯语、法语7种语言混剪的

MV《天使的身影》，以沙画的形式定格出一个个细腻动情的感人瞬间，聚焦战“疫”中那些“最美逆行身影”，展现战“疫”的感人故事，致敬白衣天使；歌曲《升》《让爱洒满人间》等，深情诉说新时代青年的成长与壮志豪情，唱响劳动者心中那份担当和家国情怀……疫情无情人有情，战“疫”中的人间大爱，平凡劳动者的不平凡作为，汇聚成这个春天最激荡人心的时代暖流。

弘扬劳动精神，激发奋斗力量。2020年是具有里程碑意义的一年。我们将实现第一个百年奋斗目标，实现决胜全面建成小康社会、决战脱贫攻坚的目标任务。面对这庄严而重大的任务，劳动者肩上的责任更大、使命更神圣，必须争分夺秒、奋勇向前，把失去的时间追回来，用劳动再创辉煌。由马少骅、刘佩琦、吴京安、侯勇、倪大红、刘劲共同演绎的诗朗诵《向胜利进军》，回顾了中华民族历史上经历过的磨难，展现了中华儿女不断在磨难中成长、从磨难中奋起的不屈精神，传递出困难和挑战越大、中国人民的凝聚力和战斗力就越强的坚定信心和必胜决心；歌曲《国旗之下》《壮丽航程》等以歌声抒发爱国热忱，唱出今日中国之底气与志气，激发为中华民族伟大复兴而奋斗的行动力量；在徐工集团火热开工场景的远程连线中，工人代表驾驶大型装载机挑战高空“走钢丝”，展现了中国工人的高超专业技能、勇攀高峰的快乐劳动精神……沧海横流见英雄，从全国劳模到各行各业的基层劳动者，从领跑者到普通人，万众一心向前进，我们就将无往而不胜。

人世间的美好梦想，只有通过诚实劳动才能实现。在“五一”这个充满奋斗意味的节日里，我们通过精彩的文艺节目，向奋战在疫情防控一线、复工复产一线、脱贫攻坚一线等各条战线上的劳动者们致以敬意、献上祝福，正是千千万万个他们的同心聚力、无私奉献，凝聚成了推动经济社会秩序走向全面恢复的深厚力量。

“日日行，不怕千万里；常常做，不怕千万事。”让我们用奋斗书写人生、用汗水浇灌收获、以实干笃定前行，艰苦奋斗、团结奋斗、不懈奋斗，不断开辟事业发展的新天地，开创人民美好生活的新未来。

——资料来源：新华网 2020-05-01

（三）加强劳动教育是高校落实立德树人根本任务的重要途径

培育正确的劳动价值观、养成良好的劳动习惯是德育工作的重要内容，教育学生掌握劳动知识技能是智育工作的重要内容，养成坚韧不拔、勇于拼搏的劳动精神和促进劳动能力的锻炼是体育工作的重要内容，劳动者对美的追求和创造是美育工作的重要内容。此外，劳动教育反过来可以养德、启智、健体、益美，它们之间是相辅相成的关系。因此，劳动教育是培育和践行社会主义核心价值观的有效途径，是高校立德树人的重要载体。新时代加强大学生劳动，要充分发挥劳动教育的育人功能，实现劳动教育与德育、智育、体育、美育相互促进，协力引导学生坚定理想信念、厚植爱国主义情怀、加强品德修养、增长知识见识、培养奋斗精神、增强综合素质，促进学生德智体美劳全面发展。

【实践活动】

我为“劳动教育课程开展”献计献策

一直以来，整个社会对劳动教育的讨论更多集中在中小学阶段，对大学劳动教育的关注明显不足。事实上，大学生作为直接面向劳动、直接对接职业的劳动后备军，比中小学生更迫切地需要带着全面系统的劳动素养走上工作岗位。

作为新时代的一名大学生，你对“劳动教育课程的开展”有何建议？请认真阅读《中共中央 国务院关于全面加强新时代大中小学劳动教育的意见》，利用互联网进行调研，写一份调研报告（不少于1000字）。

【过程记录】

调研的难点：____

____

____

____

调研的关键点：____

____

____

____

我的写作思路：______________________________

____

____

____

我的观点：______________________________

____

____

____

【结果评价】

教师可参考下表对学生的调研报告进行评价。

评价标准	评价细则	分　值	分数小计	教师评价
报告完整	顺利完成并上交完整的调研报告	20 分		
注重事实	用事实材料阐明观点	15 分		
	引出符合客观实际的结论	15 分		
论理性	有叙有议，叙议结合	15 分		
	逻辑清晰，观点鲜明	15 分		
语言简洁	语言流畅，不拖泥带水	10 分		
	善用比喻，可读性强	10 分		

二、新时代劳动教育的基本特征与基本理念

（一）新时代劳动教育的基本特征

劳动教育作为以提升学生劳动素养的方式促进学生全面发展的教育活动，有如下几个基本特征。

1. 具有普通教育的属性

劳动教育旨在落实全面发展的教育方针，具有普通教育的属性。虽然职业教育往往包含较多的劳动教育成分，但是劳动教育却是覆盖不同教育类型的教育形态，职业教育、普通教育、大中小幼不同学段的教育，都要开展劳动教育。而由于这一普通教育的属性，劳动教育在基础教育阶段具有更为重要的意义。

2. 具有价值教育的属性

劳动教育区别于当代社会以发展基础技术能力为核心目标的“通用技术教育”等概念。劳动教育所要培育的劳动素养，当然包括形成劳动习惯、有一定劳动知识与技能、有能力开展创造性劳动等，但劳动价值观才是劳动素养的核心。努力帮助学生确立正确的劳动观点、积极的劳动态度，努力帮助他们形成尊重、热爱劳动过程、成果和劳动主体（劳动人民）的价值态度。

3. 具有强烈的时代特征与社会属性

由于人类劳动的形态处在不断演进的过程之中，劳动形态也在不断变化，具体表现为脑力劳动的比重不断增加、新形态的劳动不断形成。所以劳动教育包括参加体力劳动，但又不能狭隘理解为简单的体力劳动锻炼。学校必须与家长和社会携手合作才能取得劳动教育的实效。

（二）新时代劳动教育的基本理念

1. 强化劳动观念，弘扬劳动精神

将劳动观念和劳动精神教育贯穿人才培养全过程，贯穿家庭、学校、社会各方面。注重让学生在学习和掌握基本劳动知识和技能的过程中，领悟劳动的意义价值，培育勤俭、奋斗、创新、奉献的劳动精神。

2. 强调身心参与，注重手脑并用

把握劳动教育的根本特征，让学生面对真实的个人生活、生产和社会性服务情境，亲历实际的劳动过程，善于观察思考，注重运用所学知识解决实际问题，提高劳动质量和效率。

3. 继承优良传统，彰显时代特征

在充分发挥传统劳动、传统工艺项目育人功能的同时，紧跟科技发展和产业变革脚步，准确把握新时代劳动工具、劳动技术、劳动形态的新变化，创新劳动教育内容、途径、方式，增强劳动教育的时代性。

4. 发挥主体作用，激发创新创造

关注学生劳动过程中的体验和感悟，引导学生感受劳动的艰辛和收获的快乐，体验劳动的获得感、成就感、荣誉感。鼓励学生在学习和借鉴他人丰富经验、技能的基础上，尝试新方法、探索新技术，打破僵化思维方式，推陈出新。

【拓展阅读】

劳动教育，新时代素质教育的期待

伴随着高校和基础教育改革的步伐，大中小学生的各方面素质有了明显进步，尤其在外语和网络学习运用能力上，令他们的前辈大都望尘莫及。然而，“坑爹的”“啃老的”等贬称差不多也成了部分大中小学生的“外挂”。怨怼所指，就在于他们的好逸恶劳，严重依赖他人，动手能力奇缺，以致于连生活也无法自理。劳动素质匮乏，素质教育演绎成“数字教育”。值此，设立劳动教育必修课程，自然引发了人们的一些期待。

期待设立劳动教育课程让素质教育更“接地气”。新时代网络技术在素质教育领域突飞猛进，虚拟课程、网络活动，风靡大中小学日常教学和生活，“教育要与生产劳动相结合”的初心被日渐淡忘，学生大多不识人间烟火，甚至不知土地、环境为何物。如何为学生接通除网络空间之外的其他生学习空间，更多地体验校园之外的劳动实践，劳动教育应有作为。

期待设立劳动教育课程弥补素质教育的“短板”。知行合一，德才兼备。大中学生综合素质的全面培养，需要“德智体美劳”五育并举。其中任何一块教育的欠缺都会拖

其他教育的后腿，导致学生素质的缺陷，不利于学生与社会的和谐发展。劳动教育的短板相对明显，加强劳动教育，培育劳动创造美好生活的意识，五育并驾齐驱，才是素质教育的重心。

期待设立劳动教育课程成为新课程改革的“拐点”。发端于21世纪初的新课程改革，迄今已二十载，可谓成效显著。课改大都局限在教法、学法和课堂上，“纸上得来终觉浅，绝知此事要躬行”。步入深水区的课改，往哪里走，关联着千千万万莘莘学子的命运。以课程改革为抓手，设立劳动教育必修课程，新课程改革迎来“拐点”，更上一层楼。

当今时代，各种思想交相融合和冲突，青少年的成长环境发生了深刻变化，面临着复杂环境的挑战，一些高校存在着“重智育、轻德育”“重书本教育、轻实践教育”等问题。立德树人就是聚焦学生这个中心，围绕学生、关照学生、服务学生，引导他们正确认识世界和中国发展大势，正确认识中国特色并进行国际比较，正确认识时代责任和历史使命，正确认识远大抱负和脚踏实地，全面提高学生思想政治素质，成为为中国特色社会主义伟大事业而培养的德才兼备、全面发展的建设者和接班人。

——资料来源：中国社会科学网　2020-06-23

【实践活动】

劳动技术知识竞赛

一、活动宗旨

劳动技术知识是指生活劳动、简单的工农业生产劳动和自我服务性劳动的基础知识和基本方法，以及现代生产的基本原理和管理知识。同学们通过知识竞赛的方式，了解简单劳动工具的使用方法；了解植物栽培、动物饲养的基本简单常识；了解现代化文明生产的基础知识，了解最新科技信息。从而进一步掌握劳动的基本理论知识。

二、活动时间

2周。

三、活动主体

全班同学。

四、活动实施

（1）同学们按照 3～5 人一组的形式分组，并确定组长负责组织活动。

（2）教师以理论知识库的资料形式，将资料提前传至组长，组长向同学们分发后，要求同学们熟悉并记忆。

（3）按照分组组织知识竞赛，并对优胜的团队给予奖励。

第二章

新时代大学生劳动价值观

培育深厚的劳动情怀、树立正确的劳动价值观对当代大学生培育践行社会主义核心价值观、实现青春梦想、形成正确的就业创业观、提升抗挫折能力、培养社会责任感具有重要意义

【教学目标】

1. 知识目标

（1）了解大学生劳动价值观的基本内涵，了解大学生树立正确的劳动价值观的意义和途径。

（2）掌握新时代劳动教育的使命，掌握弘扬劳动精神的意义。

2. 素质目标

（1）树立正确的劳动价值观。

（2）将劳动内化为自己的行为习惯，自觉践行劳动。

【案例导入】

中国不缺劳动力，而是年轻人不愿意去劳动了

按照联合国的人口预测，中国人口总数将在 2030 年达到顶峰，然后在接下来的 15 年里，总人口就会降到 2015 年水平以下。从总数上看，2030 年中国依然有 14～15 亿人口，似乎并不缺人。

但是从现实上看，工厂招不到合格劳动力的现象越来越明显，那又是为什么？

其实不是没有劳动力，而是年轻人不愿意去劳动了。

年轻一代的就业观已经发生了很大的变化，这种变化正极大地影响着中国经济。

2019 年高校毕业生数量高达 874 万，同比增加 40 万，创历史新高，但是他们找到理想工作的概率比往年都低，由于经济形势不好，很多大公司和国企取消校招或减少了校招的数量。

2019 年国家公务员考试，总报名人数超过了 140 万，平均竞争比达到了 70:1。这还只是国家公务员考试，要知道每个大省的地方公务员考试一般报名人数都在 30 万人左右，那么全国每年报考公务员的总数可能会接近 800 万人。

年轻人选择公务员作为理想的职业，是冲着其职业稳定、福利优厚、压力不大、上班时间固定，这无疑是中国经济的悲哀。

很多工厂一个月 5000～6000 元的工作当地年轻人没人愿意去，宁愿找个月工资 2000 多的公务员或事业单位工作，因为生活安逸，地位还高。

很多农村的年轻一代，已经不愿意像他们的长辈一样出来打工了，他们现在可以在家里打游戏，整天无所事事，靠长辈在外打工的钱生活，成为农村的“啃老族”。

年轻人代表一个国家的未来和希望，从年轻人身上或许能够看到一个国家未来的走向。年轻人如果失去了艰苦奋斗的优良传统，这可不是单纯靠放开计划生育能解决的。

日本就是前车之鉴。日本传统上是一个以“武士”为主导的国家，明治维新之后，“武士”被“兵士”所取代，二战后，“兵士”又被“企业战士”所取代。泡沫经济破裂后的“失去的 20 年”，“企业战士”变异为了“草食宅男”，年轻人渐渐失去了进取心，对结婚和工作都不再感兴趣。

大前研一在《低智商社会》中说，集体不学习、不思考、消极躲避的风气造就了

日本1亿人口的“经济文盲”。很多日本人变成了文盲，是日本经济下滑的真正原因。

“少年强则国强”，没有年轻人的强势支撑，一个国家或民族很难兴盛。

现在有很多工作，是没有多少年轻人愿意做的，特别是城市里的年轻人高不成低不就，更不会去考虑做这些工作，比如保姆、护工、清洁工这类传统观念上地位不高的职业，还有营业员、服务员、送餐员、快递员、修车工这样的工作。

实际上如果你在国外生活，会发现这些工作实际上大部分都是本地年轻人在做。

观念的变化，不能靠时间自发产生，而是需要外力的推动来改变现状，这需要政策引导和经济环境的改变。

想想日本为什么要推崇“工匠精神”？为什么欧美每隔几十年要经历一次经济危机？阿根廷为什么从发达国家退回到发展中国家？

经济自有其规律，不敢面对现实而选择逃避，鼓吹引进外劳的专家，很多是这种心态。中国要继续繁荣下去，需要每一代人都时刻保持进取心和冒险精神，以为有房有车就可以躺在家里吃老本，当危机真正来临的时候，时代不会亏待做好准备的人。

——资料来源：搜狐网 2019-03-03

【想一想】

（1）你怎么看现在的年轻人不愿意去劳动、工厂招不到合格劳动力这种现象的？

（2）新时代的大学生正确的劳动价值观应该是什么？

第一节　树立正确的劳动价值观

新时代我们要加强培育大学生的劳动精神，树立正确的劳动价值观，既是形成大学生正确世界观人生观价值观的有效途径，也是培养有理想、有本领、有担当的社会主义建设者和接班人的客观要求，是高校实现立德树人根本任务的现实需要，对于加快推进教育现代化、建设教育强国具有重要意义。

一、新时代大学生劳动价值观的基本内涵

劳动创造伟业，劳动铸就辉煌。一切劳动，无论是体力劳动还是脑力劳动，都值

得尊重和鼓励。新时代大学生劳动价值观的基本内涵如下。

（一）应当把明确劳动本质与价值作为基本要求，明辨劳动最伟大

新时代大学生应当以劳动创造人类历史和文明、劳动推进社会发展和进步为认识起点，明确劳动本质和价值。劳动的本质不仅在于创造物质财富和精神财富，也是推动社会发展的决定性实践活动，体现了劳动超越谋生之外的人文社会价值，是满足人享受和发展需要的价值状态，推动社会发展、追求幸福和促进人的全面发展。

1. 劳动改写命运，书写历史

新中国的成立代表着中国人民从此站起来了，这不仅表现为人民当家做主人，还意味着中国劳动者的命运第一次真正意义上掌握在自己手中。在革故鼎新的年代里，中国共产党带领劳动人民自力更生、艰苦奋斗，劳动人民满怀高度负责的主人翁精神和强烈的民族自豪感开始开始建设新中国，改变着社会面貌，改写着劳动人民命运，书写着对未来的美好憧憬。

2. 劳动创造幸福，成就事业

改革开放以来，广大劳动群众的积极性、主动性、创造性得到了充分发挥，社会主义建设高歌猛进，无论在政治、经济、文化还是在教育、科研、军事等方面建设成就斐然，实现了物质财富和精神财富的很大提高，社会生活发生着巨大变化。勤劳的、充满智慧的中国劳动人民正在创造着幸福，满载着幸福感、获得感不断推进着中国特色社会主义事业的向前发展。

3. 劳动开创未来，实现复兴

中国特色社会主义进入了新时代，新时代的劳动者更多地呈现出知识型、技能型、创新型、创造型的时代特点，中华民族迎来了实现中华民族伟大复兴的光明前景。

（二）应当把肯定劳动主体地位与作用作为基本要义，明辨劳动最光荣

劳动者是人民群众的主体部分，承担着创造社会物质财富和精神财富的历史责任，新时代大学生应当重视和尊重劳动、肯定和崇尚劳动，其内在必然要求就是肯定劳动主体的地位与作用。“劳动最光荣”是一种积极的劳动伦理价值观，它的价值向度就是对劳动者主人翁地位肯定。我们应当平等看待劳动者，不论是体力劳动者还是脑力劳动者，不论是简单劳动者还是复杂劳动者，一切为我国社会主义现代化建设作出贡献的劳动者，都是光荣的，都应该得到承认和尊重。

随着经济全球化和市场经济的发展，部分大学生出现了不愿劳动，鄙视劳动尤其是鄙视体力劳动者的价值取向。出现了“看不起一线工人，看不起农民工”“从事环卫劳动的工人不如从事发明创造的科学家光荣”“体力劳动就是吃苦受罪”“将来做不了社会精英也不愿意当一名普通劳动者”的错误认识。对此，我们应当看到“劳动只有分工不同，而无贵贱之分”。那种无视我国工人阶级成长进步的观点，那种以为科技进步条件下工人阶级越来越无足轻重的观点都是错误的、有害的。

我们提倡“以辛勤劳动为荣，以好逸恶劳为耻”的劳动荣辱观，尊重真抓实干的诚实劳动者、埋头苦干的辛勤劳动者、改革鼎新的创造性劳动者，任何劳动者的劳动都是有尊严的劳动、都是幸福的劳动，都值得我们敬佩和尊重。

（三）应当把树立创造性劳动意识作为主要目标，明辨劳动最美丽

“劳动最美丽”可以用劳动美来加以概括。“劳动最美丽”在本质上是劳动者或劳动主体基于其劳动实践而实现的美的创造，并通过各种美的劳动形式，彰显劳动者的本质力量和劳动美的价值。“劳动最美丽”是劳动群众以诚实劳动、辛勤劳动和创造性劳动作为基本形式而存在的，在劳动过程中追求劳动美，以此实现劳动的合目的性与劳动的合规律性的高度统一，这也是劳动实践中各种关系的内在和谐统一之美。

二、树立正确的劳动价值观的意义

（一）有利于大学生树立正确的价值观和事业观

新时代的大学生要将日常生活与理想追求紧密结合，在劳动创造中实现远大理想和个人目标，自觉把人生追求融入国家富强、民族复兴的伟业之中，实现个人与集体、国家的融合发展，真正树立依靠辛勤劳动、诚实劳动、创造性劳动获取财富，实现人生价值的正确思想观念，从而为走出校园后的人生之路奠定良好的事业发展观。

（二）有利于大学生培育和践行社会主义核心价值观

尊重劳动，坚持爱岗敬业的工作态度和职业操守，是践行社会主义核心价值观的要求和具体体现。培育新时代大学生的劳动精神，能够使大学生真正理解人民创造历史、劳动开创未来，相信劳动是推动人类社会进步的根本力量；真正认识到正是因为中国人民的劳动创造，我们才拥有今天的幸福生活。通过弘扬劳动精神，大学生要扎扎实实干事，踏踏实实做人，培养积极主动的岗位意识、职业意识、进取精神和创新

精神。今后无论处于什么岗位，大学生们都能在本职工作中充分发挥积极性、主动性和创造性，通过自己的劳动收获满足感、幸福感、尊严感，在创造物质财富的同时，提升自我的精神境界。只有这样，大学生才能于实处用力，从知行合一上下功夫，把社会主义核心价值观内化为精神追求，外化为自觉行动。

（三）有利于大学生感受时代精神力量

要引导新时代大学生确立劳动最美丽的思想观念，使他们真正感受到劳动本身所激发出的人性光辉、品德光辉和精神光辉，体验到劳动者在劳动中所体现的精益求精、专注执着、无私奉献、创新创造的宝贵精神，体验到高标准高品质的追求和敬业之美、创造之美的价值升华，从而激励自己投身于新时代中国特色社会主义伟大事业中，奉献无悔青春。

【拓展阅读】

“劳动是一种尊严，也是最好的证明”

我3岁患病，双腿瘫痪，像正常人一样劳动对我来说似乎很遥远。出生在农村的我，刨过土、种过菜，拿过杆秤、卖过猪肉，很早就体会了生活的艰辛与不易。正因如此，我打小就有了读书改变命运的想法。

我花了整整20年，拄着双拐从小学读到了研究生。小学6年，我每天要走五六里山路去上学。初中以后开始寄宿生活，一切都需要自己打理。

毕业后，从公司文员到部门负责人，我十年如一日地坚守岗位。劳动于我而言，是一种尊严，也是一种享受。

我所在的企业是一家有200多名残障员工的福利企业。公司老板在接管企业之初，动过开除残障员工的念头。有一天中午，他到生产车间视察，看到很多操作工仍在岗位加班。他很好奇，问大家为什么不休息，但是没有一个人回答。陪同视察的秘书拿出纸笔，把问题写下来递给其中一个女孩。女孩用稚嫩的笔迹写下：“我们想利用休息时间多包点货，多赚点钱，我们需要工作养家。”

这句话，打消了老板开除残障员工的念头。在他的支持下，我们成立了“学习张海迪”小组，我担任组长。为了帮助残障员工更好地适应企业管理，也让社会感知这个群体的特殊价值，8年来我坚持在做一件事，就是利用周末时间带着他们做公益。

很多人问我：“你是做财务的吗？”“是搞计算机的吗？”“是文秘吗？”我都会摇摇头：“我是做公益的。”我始终相信，通过自己劳动挣来的生活是有尊严的，通过帮助别人而获得的快乐是最长久的。劳动于我们而言是最好的证明：“我们不是社会的负担，我们也能靠劳动实现梦想和价值。”

（讲述人：湖南安邦制药有限公司公益文化部部长齐文英）

——资料来源：半月谈网 2019-06-10

三、树立正确的劳动价值观的途径

（一）尊重劳动：常怀感恩之心

新中国的劳动者中既有劳动模范，又有先进典型，他们的事迹在历史发展的长河中画上了浓墨重彩的一笔，他们身上所体现的劳模精神和劳动精神，始终熠熠生辉。

实现我们的奋斗目标，要靠劳动者的实干。无数奋斗者用实际行动证明，只有尊重劳动，尊重劳动的价值，才能让劳动者有更多的获得感和成就感，创造出更多的财富。实干兴邦，一个尊重实干、尊重劳动的国家，必然会拥有充分的活力和强大的发展动力，从而在奋斗的道路上取得更多伟大的成就。

全面建成小康社会，实现中华民族伟大复兴的中国梦，必须依靠知识依靠劳动。不管是从事简单劳动、体力劳动的劳动者，还是从事复杂劳动、脑力劳动的劳动者，都是我们社会进步的推动者，为我们国家美好明天辛勤付出的劳动者更值得尊重和感恩。

（二）热爱劳动：人生幸福据点

劳动是财富的源泉，也是幸福的源泉，古语“夙兴夜寐，洒扫庭内”，热爱劳动是中华民族优秀的传统，绵延至今。劳动，作为中华民族的传统美德之一。在漫漫历史长河中，劳动赋予了中华民族立民的根本；在神州大地上，劳动传承着中华民族的信仰。

人们常说：“劳动创造幸福”，这是因为付出了汗水，就会有回报，有了回报，就会产生幸福感，不论在哪一方面。正是因为劳动，中国综合国力不断增强，人民生活水平不断提高，幸福指数不断上升。

身处新时代，我们应该热爱劳动，让劳动成为我们的幸福据点，同时实现自己的时代追求。

【拓展阅读】

想好好活，就得好好干

工作就是提升心志、磨炼人格的“修行”。这样说并不过分。

劳动的意义不仅在于追求业绩，更在于完善人的内心。工作最重要的目的在于通过工作来磨炼自己的心志、提升自己的人格。就是说，全身心投入当前自己该做的事情中去，聚精会神，精益求精。这样做就是在耕耘自己的心田，可以造就自己深沉厚重的人格。

“工作造就人格”，就是要通过每一天认真踏实的工作，逐步铸成自己独立的、优秀的人格。这样的事例，从古至今，从东方到西方，不胜枚举。只要翻开伟人们的传记，随处可见。

凡是功成名遂的人，毫无例外地，都是不懈努力，历尽艰辛，埋头于自己的事业，才取得了巨大成功。通过艰苦卓绝的努力，在成就伟大功绩的同时，他们也造就了自己完美的人格。

有许多优秀的工匠，只要专心磨炼技能，制造出赏心悦目的产品，他们就会感到有一种说不出的自豪和充实；因为他们认为劳动是既能磨炼技能，又能磨炼心志的修行，他们把劳动看作自我实现、完善人格的“精进”的道场。可以说，多数人都曾经抱有这种有深度的、正确的劳动观和人生观。

（三）践行劳动：奋斗的青春最美丽

劳动是推动人类社会发展的决定性力量，每个人的梦想照进现实，归根到底要靠辛勤劳动、诚实劳动、科学劳动。“其作始也简，其将毕也必巨”。伟大祖国之所以能风雨无阻，关键要素，就在于千千万万普通劳动者的负重前行。

2020年春天，我们见证太多感动又温暖的故事：白衣执甲的医护人员、星夜驰援的物流司机、逆行而上的铁路工作者、筑牢防线的青年志愿者群体、坚守岗位的公安干警……无数劳动者都在为抗击疫情尽自己一份力。守护共同家园，用奋斗定义自身价值，这样的主人翁姿态，时代也必将予以铭记。

守望相助、各司其职，我们用劳动铸就了抗击疫情的命运共同体，而那些劳动者，更被置于耀眼夺目的位置。劳动，是每个人最基本的责任。不同时期，劳动的具体表现形式会有所不同，但其最根本的价值始终没有变，新时代的劳动者更兼顾着智慧与创新的宏观映照。

奋斗是青春的底色，幸福不会从天而降，梦想不会自动成真。面对新形势、新困难、新挑战，每个劳动者都要焕发热情、释放潜能，在各自的岗位上踏实苦干、努力奉献。撸起袖子加油干，千千万万劳动者所凝聚起来的力量，必将掷地有声。

【拓展阅读】

向时代楷模致敬，做新时代奋斗者

“百色的大山，你是最美的朝霞；脱贫的战场，你是醒目的黄花。”颁奖词中每一句话，都感人肺腑；磅礴的暴雨、黄文秀忙碌的身影、农民脱贫后幸福的笑容，电视画面里的每一个镜头，都震撼心灵。2020 年 5 月 17 日晚，“时代楷模”黄文秀感动了中国，获评感动中国 2019 年度人物。

“黄文秀当选，实至名归。”消息传来，引发广西壮族自治区全区各族干部群众的深情回忆，纷纷表示向黄文秀学习，做新时代的奋斗者，立志继承黄文秀遗志，传承黄文秀精神，在脱贫攻坚战中践行初心使命，不获全胜、决不收兵。

黄文秀生前是广西壮族自治区百色市委宣传部干部。2016 年从北京师范大学研究生毕业后，她回到家乡百色工作。2018 年 3 月，黄文秀积极响应组织号召，到乐业县百坭村担任驻村第一书记。从进村开始，黄文秀就努力融入当地群众生活，挨家挨户走访，学会了当地方言，一年多时间，她帮村里引进了砂糖橘种植技术，教村民做电商，百坭村 103 户贫困户顺利脱贫 88 户，村集体经济收入翻了一倍。2019 年 6 月 17 日凌晨，她冒着瓢泼大雨，从百色赶回扶贫点百坭村途中遭遇山洪不幸遇难，献出了年仅 30 岁的宝贵生命。

习近平总书记对黄文秀先进事迹作出重要指示。2019 年 7 月 1 日，中宣部向全社会发布黄文秀的先进事迹，追授她为“时代楷模”；7 月 17 日，中华全国总工会授予黄文秀同志全国五一劳动奖章；9 月，获评第七届全国道德模范“全国敬业奉献模范”；9 月 25 日，被授予“最美奋斗者”荣誉称号；10 月，被追授为“全国优秀共产党员”称号。

有的人走了却还活着，黄文秀就是这样的人。节目播出当晚，百坭村几乎家家户户都守候在电视机前，收看中央电视台颁奖晚会。“我很早就守候在电视机前，等着看颁奖晚会，文秀书记获得‘感动中国’人物荣誉，让我们感到无比自豪，我们一定好好干，甩掉穷帽子，过上好日子，报答文秀书记的恩情。”百坭村村民班统茂说，黄文秀是村民的“自家人”，她驻村以后，不仅手把手教会大家种植、管护砂糖橘，还帮忙找销路，现在村里的脱贫产业路修好了，村民的农产品更好卖了。

一个黄文秀倒下了，千万个扶贫干部挺身而出。

打赢打好脱贫攻坚战，是对黄文秀最好的告慰。“文秀是我的好战友、好同志，我会用尽全力实现她未完成的愿望，带领村里的父老乡亲早日脱贫致富！”百坭村现任第一书记杨杰兴说，他要继续和村两委班子、驻村工作队员一道，扎实抓好疫情防控和脱贫攻坚各项工作，依托现有的砂糖橘、油茶、清水鸭养殖等产业示范带，重点谋划“特色产业+扶贫”模式，打“秀起福地”系列农业品牌，助农增产、增收、增效，让产业发展成果惠及更多的群众，不让一个贫困户掉队。

榜样的力量是无穷的，黄文秀硕士研究生毕业后自愿回乡工作，感动并激励着八桂大地的广大青年。广西大学化学化工学院2018级有机化学专业硕士研究生范钟天说，黄文秀作为当代青年代表，用生命诠释了党员的初心和使命，坚守扶贫攻坚第一线，是当之无愧的时代楷模。作为新时代的青年学生，更应该不忘初心和使命，履行自己的责任和义务，创造自己的人生价值。百坭村村民黄仕京的大儿子在广西民族大学就读，小儿子考取了广西医科大学，他们家因学致贫，除了正常政策支持外，黄文秀还帮助他申请了“雨露计划”的5000元补助。黄仕京说：“我常告诉孩子们，要以黄文秀为榜样，在学校好好学习，积极申请入党，做一个为群众干实事、谋福利的人。”

——资料来源：《南国早报》 2019-07-01

【实践活动】

“致敬普通劳动者”主题活动

劳动并没有高低贵贱之分。没有环卫工，哪有干净整洁的大街；没有保安员，哪有小区的祥和平安；没有快递员，哪能方便、快捷地买到心爱之物……每一座城市的美丽，都离不开基层劳动者辛勤的汗水和无私的付出，只要为社会创造价值，服务于人民，就是光荣的，只要是劳动者就该得到承认和尊重。

请以小组（8～10 人）为单位组织一次“致敬普通劳动者”主题活动，选择一个普通劳动者群体，向他们致敬。致敬的形式不限，既可以是发动社会力量为普通劳动者谋求福利，也可以是向普通劳动者献花等。活动过程记录下来并用短视频的形式记录。

【过程记录】

活动开展计划：

活动开展关键点：

活动开展难点及解决方案：

活动心得体会：

第二节　新时代劳动教育的使命

一、新时代劳动教育使命的基本内涵

（一）劳动树德

“德”乃立人之本。教育不仅要培养智慧与才能兼备的人才，更应当培养一个品德高尚、人格健全的人。

劳动教育是全面教育体系的重要组成部分，与德育、体育、美育、劳育密不可分，贯穿于德育、体育、美育、劳育的全过程，坚持以劳树德，加强劳动教育提高道德认知，培育道德情感，锻炼道德意志，养成道德习惯。从培养劳动习惯入手，热爱劳动工具，珍惜劳动成果，养成勤俭节约、吃苦耐劳、勇敢诚实的良好美德，自己的事情自己做，树立自我服务和公益服务性劳动观念。从事劳动能够使我们具备起码的生活能力，培养关心和尊重长辈的道德意识，增强社会责任感。

通过劳动教育可以培养自我积极向上的品性。尤其是在克服困难，付出汗水和疲惫之后，战胜自己，心会变得柔软和善良，能够更加热忱地去对待周围事物，体会战胜挫折的自豪感。劳动可以促进形成团结协作的精神，通过劳动使我们能直观体会到团结力量大。劳动可以培养我们的自信心，让我们充分认识到自己有能力挑战困难，因而变得更加自信。

劳动教育对于青少年践行社会主义核心价值观，传承中华优秀传统文化，实现中华民族伟大复兴的中国梦具有重要意义。

【拓展阅读】

《父亲》

原四川美术学院院长罗中立所完成的《父亲》，是一幅震撼人心的经典之作。

画中人物是一名头裹白布、手端旧碗的农民。在阳光的照射下，他黝黑的脸庞满是岁月的痕迹，那深深的褶皱，仿佛刀刻一般。那凸出的眉弓与凹陷的眼睛，高挺的鼻梁、宽厚的鼻翼，半张的嘴、干裂的唇，肤色与茶水的颜色形成呼应……这一切似乎表明这位老人刚刚经历过一阵辛苦的劳作，口干舌燥，正想端着水喝，目光注视前方，仿佛关注着正在走入他视野的陌生人。

这种饱经沧桑、一生劳作却永远对生活充满希望的普通劳动者的坚强，以及中华民族百折不挠的坚韧都在这幅经典画作中得到了充分的表现。

《父亲》

（二）劳动强智

坚持以劳增智。劳动教育让学生通过亲身劳动增长见识，丰富劳动知识与劳动技能，培养学生抽象思维能力，促进智力发展。通过劳动，一方面可以帮助学生更加深刻地理解课堂上教授的理论、概念、方法等知识，为这些知识提供真实情景的体验场所，让学生体会其中的真理和美好；同时也为这些知识的运用提供了实践机会，通过劳动实践把所学知识利用起来，实现学以致用，使所学知识得到内化和升华。劳动实践帮助学生奠定理论研究，也为学习理论活动提供底层的逻辑，这将使得学习认知更加深刻，思维更加深化，实现了知识的循环往复，形成了一次完整的知识构建，使得学习效果更加夯实。

（三）劳动健体

“体质不强，何谈栋梁”，大学生作为建设祖国未来的接班人，拥有一个强健的体魄是一切先决条件。

新时代大学生成长在网络虚拟化和信息自动化的时代，人与人面对面的交流越来越少，因此有一部分学生的性格变得孤僻怪异，行为偏激，不愿与人交往。加上当前社会生活节奏越来越快，竞争越来越激烈，大学生多数又是独生子女，父母期望值较高，在这样的环境压力下，当代大学生所暴露的心理问题越来越受到关注：孤僻、自私、缺乏团队精神和受挫能力，甚至嫉妒心较强。

当代体育的任务不仅仅是培养学生强健的身体，同时也注重学生的心理发展，可谓是身心内外合一的系统训练。而劳动同样也可以起到促进身心健康发展的作用。学生在参加劳动的活动中，通过与人沟通协作，可以培养乐观开朗的性情，继而改善人际关系，提高社会适应能力，有助于消除心理障碍；通过劳动活动，产生的最终劳动成果，可以让学生的身心得到一种舒适的感受，产生积极的成就感和幸福感，从而摆脱压抑和悲伤等消极情绪；通过劳动活动，可以帮助学生不断克服遇到的主观和客观困难，越是想办法努力去克服主观困难，学生的受挫能力及解决问题能力就越强，就越有助于培养良好的意志品质。

（四）劳动育美

美育，是指通过培养学生健康的审美观，进而帮助学生发现美、感受美、创造美。苏霍姆林斯基认为："美育最重要的任务是教会孩子能从周围世界（大自然、艺术、人际关系）的美中看到精神的高尚、善良、真挚，并以此为基础确立自身的美。"美育是以美的姿态、美的颜色、美的旋律等来对学生施以教育，它美好生动，且会让人有发自内心的愉悦、舒适、动情的体验。

劳动教育利于让青少年学生在劳动创造中形成"发现美、体验美、鉴赏美、创造美"的意识和能力，从而提高学生审美能力和人文素养。

【拓展阅读】

劳动铸就中国梦：第三套人民币镌刻劳动者最美身影

2015 年"五一"期间，6 集大型电视纪录片《劳动铸就中国梦》重磅登陆中央电视台，随即引发全民"劳动热"。以贴近实际、贴近生活、贴近群众为主线的纪录片中，浓缩精炼地刻录了中国人民不畏艰苦辛勤劳动的身影。而见证这段历史长达 38 年的第三套人民币，被作为重点在首期纪录片中播出。

第三套人民币设计小组组长刘延年评价说，第三套人民币是一个划时代的，是在技术上是自力更生、奋发图强的一套人民币。它是新中国成立之后流通时间最长的一套人民币，它历经新中国建设九大时代；见证了新中国发展过程中坎坷与辉煌的历史；也陪伴了几代中国人奋斗的发家史。可以说第三套人民币承载了中国人跨越苦难、铸就中国梦的美好愿景；也定格了最多劳动者用双手改变生活、改写国家命运的身影。

第三套人民币刻绘最有代表性的劳动者

第三套人民币票面图案选取当时最具代表性的劳动场景。第三套人民币绘制者侯一民说 5 元钱上炼钢炉前炼钢工人健美的气质就是中国工人的气质，很有代表性，是得到老百姓认可的。同时刘延年也阐释了 1 元钱上刻印女拖拉机手能充分凸显出中国妇女地位提高，而拖拉机的使用则代表了解放了劳动力，提高了生产力；5 毛钱上的纺纱女工代表了中国轻工业繁荣的景象；10 元“大团结”上工农商兵走出人民大会堂，象征中国人民团结一心建设美好家园；1 角钱上的人民扛起锄头劳作……

第三套人民币票面图案是当时中国社会劳动状况的缩影，它刻绘的极具代表性的劳动者值得被纪念和歌颂。

第三套人民币镌刻劳动者最美的身影

第三套人民币票面上的这些身影，是中国历史的缩影，是时代的印记，更是劳动者无上的光荣。侯一民回忆那段历史时说，那个时代的劳动人民用血肉铸成坚定的信仰，用灵魂铸成不屈的精神。这些信仰与精神始终在发展、前进，都凝聚在第三套人民币之上。

撰写这些历史的主人公——中国人，他们甘于奉献、百折不挠的画面中都有第三套人民币的出现。中国人用双手革新中国面貌，用劳动铸就中国梦。毫无疑问，第三套人民币镌刻了劳动者最美的身影。

——资料来源：央视网 2017-04-24

（五）劳动提能

劳动技能教育是指对大学生进行劳动与生产技术的教育，是提高大学生综合素质、促进大学生全面发展的举措之一。劳动技能教育的主要目的是使大学生在步入工作岗位之时能够掌握一些专业知识与生产技能，从而能够胜任心仪的岗位、满足岗位的需求。

在学校教育中，高校一手抓理论教育，一手抓社会实践，在两手同时抓的过程中培育大学生劳动技能。实践性是其劳动教育的第一特性。实践性即大学生亲自参加劳动、从事实际操作。以社会实践形式参与的劳动，能够检验在校期间的学习成效。只有在实践中，大学生通过体力劳动与脑力劳动的共同作用，才能将理论知识转变为大学生所用的劳动技能，才能促进大学生不断创新。

【知识链接】

“世界青年技能日”背后的呼唤

每年的7月15日是“世界青年技能日”。联合国2014年12月首次推出这个节日，是希望通过宣传技能开发让更多年轻人顺利就业，解决年轻人失业和就业不足问题。在经济增速放缓、产业转型加快、青年就业压力加大的中国，我们更应重视这个节日背后的呼唤。

没有一流的技工，就没有一流的产品。青年技能人才是技能人才队伍建设的中坚力量，集聚和培养更多的青年从事技能工作，让广大青年技能人才成为推动企业技术创新的驱动力量，是时代的呼唤，也是发展的必然。

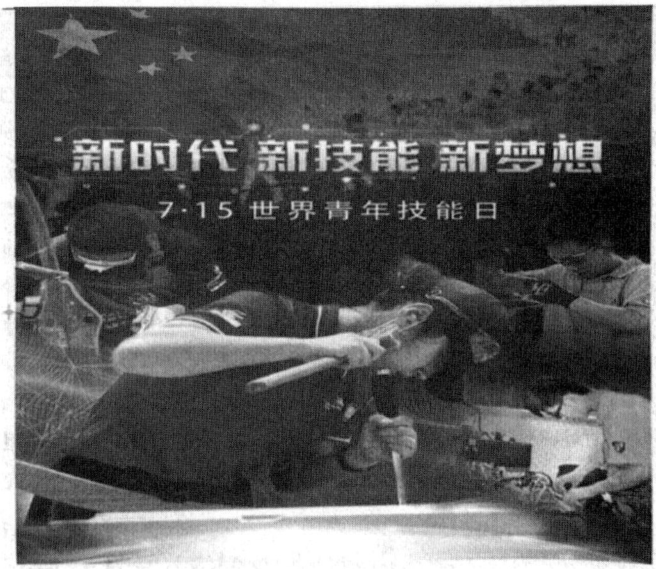

7 · 15 世界青年技能日

一个不容忽视的现实是，在“重学历、轻技能”的社会评价机制和传统思维影响下，国内年轻人对于技能的重要性往往认识不足。虽然技校就业率年年都在98%以上，但很多年轻人并不愿意走技能成才之路，读技校经常成为年轻人考不上大学后的无奈选择。与此同时，受经济大环境影响，一些专业的高校毕业生就业难，不得不面对“毕业即失业”的现实。优化技能人才队伍结构，打造更具有国际竞争力的技能人才制度优势，营造社会崇尚技能的良好氛围，加快培养造就青年技能人才，是时代赋予我们的历史责任，也是更多青年人实现体面就业的迫切需要。

越来越多扎根一线、刻苦钻研的青年技能人才实现“名”“利”双收。他们的成长之路，让更多年轻人看到了技能人才的美好前景。但我们也要清醒地认识到，要在全社会普遍形成技能成才的观念，还需要一个漫长的过程。

技能青年强，则中国制造强。我们相信，在“中国制造”加速迈向“中国创造”的过程中，技能的价值必将被更多年轻人所认知。

二、大力弘扬劳动精神的意义

（一）劳动精神弘扬，能够培养学生爱国情怀的民族精神

自古以来，热爱劳动、珍惜劳动成果，是中华民族传统美德。在劳动实践中，要

培养学生传承中华民族勤劳俭朴的品质和艰苦奋斗精神，培植家国情感，能使学生在学校学习期间，在劳动精神驱动下，具有爱国之志、报国之情，成为建国之才，以效国之行的实际行动报效国家和人民，使中华民族伟大复兴中国梦在一代又一代的接力奋斗中变为现实。

【经典案例】

“最强男团”医食无忧组合，这才是我们的偶像

2020年，钟老84岁，自称“80后”。面对疫情突发，他以一颗无私公正的心再次站立在世界面前，不计个人得失，把自己团队所有的针对新冠肺炎的研究经验和治疗方案无私地奉献给社会。钟老已经成了中国抗疫工作的主心骨，也是世界抗疫工作的核心灵魂。

袁隆平90岁高龄，笑称迈入“90后”，依然管不住迈向稻田的腿，那是他全心爱护和惦念的地方，这一生都奉献到了解决全球粮食不足的事业中。为了能让人类有足够的大米吃，经过多年的研究，成功地把杂交水稻产量一次次提高，这都是他老人家的心血凝聚。当面对杂交水稻背后巨大的经济利益时，他毫不犹豫地选择了放弃，他将杂交水稻献给了全人类，他希望让杂交水稻填饱更多人的肚子。

一个冲在抗疫前线，拯救亿万人于疾病，保住万家康泰。一个研究出高产粮食，拯救亿万人于饥饿，让人民仓廪充实。丰功伟绩，该被万世流传。而他们创造了这样的功绩，却都是不动声色谦虚低调，在专业上精益求精，在工作上兢兢业业，在生活里低调谦逊，在生活上自律节俭，这才是真正的全民楷模，他们生活中的点滴更值得我们学习。

鲁迅先生曾经说过：我们从古以来，有埋头苦干的人，有拼命硬干的人，有为民请命的人，有舍身求法的人……虽是为帝王将相作家书的所谓正史，也往往掩不住他们的光耀，这就是中国的脊梁。

——资料来源：搜狐网 2020-04-20

（二）劳动精神弘扬，能够培养学生改革开放与创新发展的时代精神

在学校劳动教育中，要将弘扬劳动精神与弘扬劳模精神、工匠精神相结合，引导学生学习劳动模范“爱岗敬业、争创一流、艰苦奋斗、勇于创新、淡泊名利、甘于奉献”的精神品质和劳动态度，学习工匠的职业精神和高超技能，能够激发学生学习劳动知识，掌握劳动技能，开发创造潜力，造就名副其实的知识型、技能型、创造型的高素质劳动者。

（三）劳动精神弘扬，能够培养学生的团结精神、奋斗精神、梦想精神

劳动精神弘扬，能促使学生扣好人生第一粒扣子，在筑梦、逐梦、圆梦过程中，把“个人梦”与“中国梦”相结合，在内心深处构建实现中华民族伟大复兴的精神坐标，传承中华民族勤劳的精神命脉，开发创造劳动潜能，在不懈的奋斗中，实现人生幸福和美好生活的追求。

【实践活动】

礼赞校园最美劳动者

一、活动主题

礼赞校园最美劳动者。

二、活动宗旨

对劳动形态有一个总体的把握，理解每一种职业的劳动价值，对校园劳动者进行观察和了解，树立一种尊重劳动、尊重劳动者的意识；用自己的实际行动表达对校园各类劳动者的敬意。

三、活动时间

2 周。

四、活动主体

全班同学。

五、活动实施

通过在国旗下的演讲、书信征文、节日祝福卡设计比赛、黑板报宣传、主题班会、书法展示等文化活动，活动无论以何种方式开展，都紧紧围绕“向劳动者致敬”教育主题，让学生在活动中了解“五一”劳动节的真正含义，知晓各行各业不同的劳动者对社会的贡献，进一步激发学生热爱劳动、尊敬劳动者的强烈意识。

第三章

高校基础劳动教育课程

高校开展劳动教育，其主要实现途径之一，就是使高校劳动教育课程化。课程是人才培养的核心要素，通过课程，学生可以获得最直接、最核心、最显效的收获。高校开展劳动教育必须开设专门的劳动教育课程，与其他专业课同向同行，才能构建出扎实、完整的劳育知识体系，培养德智体美劳全面发展的新时代人才。

【教学目标】

1. 知识目标

（1）了解劳动教育课程，明确劳动教育课程的内容与要求。

（2）了解劳动教育的课程结构实施要求和方法。

2. 素质目标

（1）认识劳动教育课程的重要性和必要性。

（2）提升学习劳动教育课程的积极性。

【案例导入】

新时代大学生劳动教育有意义吗?

情景一：小学生不会剥煮熟的鸡蛋、不会拿扫帚扫地，大学生让家长定期到校洗衣服、请家政公司来宿舍搞卫生……在部分学生和家长眼里，劳动无足轻重。不少学校没有开设劳动课程，一些学校虽然开设了劳动课程，但常常纸上谈兵、形同虚设。不少教师表示，当前“崇尚分数、崇尚快乐”的不少青少年缺乏劳动概念，不仅不热爱劳动，甚至鄙视劳动，更缺乏自我劳动的习惯和意识。（2019 年 5 月 14 日《半月谈》）

情景二：近期湖北襄阳的一位母亲为上大学的女儿找保姆的事，引起网友热议。据母亲讲，女儿从小娇生惯养，从没做过家务。现在上了大学住不习惯宿舍，自己一个人又不会操持生活，所以就请保姆照顾了。这个孩子大学毕业找到了工作，单位不管饭，这个孩子不会做饭，就长期吃外卖、下饭馆，钱没少花，身体却吃出了毛病。没办法，母亲只得去照顾。被人笑称：一份工资两人来挣。

【想一想】

（1）你怎么看待情景中这种现象？

（2）新时代大学生劳动教育有何意义？请结合自身的经历或见闻谈谈你对劳动教育的看法。

第一节　劳动教育课程概述

一、课程性质

劳动教育课是锻炼提高学生的综合素质和能力，树立劳动观念，端正劳动态度，学习劳动技能，增强自我管理、自我服务意识，培养广大学生吃苦耐劳的优良品质和合作意识，养成爱劳动、守秩序、讲卫生的良好习惯的基础性课，是一门品德实践教育必修课程。

二、课程课时

劳动教育课列入全校各专业人才培养方案和课程教学计划，在大中小学设立劳动教育必修课程。中小学劳动教育课平均每周不少于 1 课时，用于活动策划、技能指导、练习实践、总结交流等，与通用技术和地方课程、校本课程等有关内容进行必要统筹。职业院校开设劳动专题教育必修课，不少于 16 学时；主要围绕劳动精神、劳模精神、工匠精神、劳动组织、劳动安全和劳动法规等方面设计。普通高等学校要将劳动教育纳入专业人才培养方案，明确主要依托的课程，可在已有课程中专设劳动教育模块，也可专门开设劳动专题教育必修课，本科阶段不少于 32 学时；课程内容应加强对马克思主义劳动观的教育，普及与学生职业发展密切相关的通用劳动科学知识，让学生经历必要的实践体验。

三、课程学分

劳动教育课总课时计 1.5 学分，分两个阶段：一年级所有专业单独安排卫生劳动、生产劳动或服务性劳动不少于 8 学时；二至三年级以实习实训课为主要载体开展劳动教育，其中：劳动精神、劳模精神、工匠精神专题教育不少于 16 学时。学生个人修满课时、达到理论考试和时间考核标准，并且劳动态度端正、遵守劳动纪律、劳动效果明显，结合个人平时行为习惯评定课程成绩，60 分以上为合格，未达到 60 分者应重新修读，学生所获学分、成绩计入个人档案。

四、教学方法

以传统的课堂教学方式作为理论教学的基础，教师应该寻找合适的教学方式，将课堂与新时代下的互联网新媒体等新形式进行结合，改造原有教学方法枯燥、乏味、单一等特点，让新时代劳动教育课程具有吸引力、创新性、丰富性，让学生能够在劳动教育课程进行的过程中体会到其中的乐趣，收获丰富的经验，深刻体会劳动教育课程的真正意义。

1. 讲解说明

教师围绕劳动“是什么”“为什么”的问题，有重点地进行讲解，让学生懂得劳动的意义和价值。加强对劳动观念、劳动纪律、劳动相关法律法规的正面引导，指明轻视劳动特别是轻视普通劳动的危害，让学生明辨是非。加强劳动知识技能的讲解，让学生认清事理，掌握实践操作的基本原理、程序、规则，以及正确使用工具的方法和技术。讲解要与启发思考、示范、练习等结合起来。

2. 淬炼操作

围绕“如何做”的问题，在教育过程中注重示范与练习，让学生会劳动。强化学生规范意识，注重从最基本的程序学起，严守规则，避免主观随意。强化学生质量意识，注重引导学生关注细节，每个步骤、环节都要精准到位。强化学生对品质的专注，注重引导其对操作行为的评估与监控，做到眼到手到心到，有始有终。

3. 项目实践

围绕劳动能力的培养，切实让学生完成劳动任务，经历完整劳动过程。注重劳动价值体认，引导学生从现实生活中发现需求，选择和确定劳动项目。强化规划设计意识，充分发挥学生的主动性、积极性、创造性，引导学生对项目实践进行整体构思，综合运用所学知识、技术，不断优化行动方案。让学生身体力行，锤炼意志品质，敢于在困难与挑战中完成行动任务。

4. 反思交流

围绕劳动价值意义的建构，引导学生反思、总结、交流，并形成习惯。引导学生思考劳动过程和结果与社会进步、个体成长的关联，避免停留在简单的苦乐体验上。组织学生交流分享劳动的体验和收获，肯定具有积极意义的认识，纠正观念上的偏差。将反思交流与改进结合起来，使学生在劳动中获得成长。

5. 榜样激励

围绕劳动的精神追求，树立典型，激发学生劳动热情。注意遴选、树立多类型榜样，不仅要有大国工匠、劳动模范，还要有身边劳动表现优异的普通劳动者和同学。引导学生从榜样的具体事迹中领悟其高尚精神和优良品质。明确要求学生在日常劳动实践中努力向榜样看齐。

第二节　劳动理论教育课程内容与要求

一、劳动理论教育课程内容

（一）职业院校

职业院校的劳动教育要重点结合专业特点，增强学生职业荣誉感和责任感，提高学生职业劳动技能水平，培育积极向上的劳动精神和认真负责的劳动态度。主要课程内容如下。

（1）持续开展日常生活劳动，自我管理生活，提高劳动自立自强的意识和能力。

（2）定期开展校内外公益服务性劳动，做好校园环境秩序维护，运用专业技能为社会、为他人提供相关公益服务，培育社会公德，厚植爱国爱民的情怀。

（3）依托实习实训，参与真实的生产劳动和服务性劳动，增强职业认同感和劳动自豪感；提升创意物化能力，培育不断探索、精益求精、追求卓越的工匠精神和爱岗敬业的劳动态度；坚信“三百六十行，行行出状元”，体认劳动不分贵贱，任何职业都很光荣，都能出彩。

（二）普通高等学校

普通高等学校的劳动教育要强化马克思主义劳动观教育，注重围绕创新创业，指导学生结合学科专业开展生产劳动和服务性劳动，积累职业经验，培育创造性劳动能力和诚实守信的合法劳动意识。主要课程内容如下。

（1）掌握通用劳动科学知识，深刻理解马克思主义劳动观和社会主义劳动关系，树立正确的择业观、就业观、创业观，具有到艰苦地区和行业工作的奋斗精神。

（2）保持良好日常生活劳动习惯，自觉做好宿舍卫生保洁，独立处理个人生活事务，积极参加勤工助学活动，提高劳动自立自强能力。

（3）强化服务性劳动，自觉参与教室、食堂等校园场所的卫生保洁、绿化美化和管理服务等；结合“三支一扶”、大学生志愿服务西部计划、“青年红色筑梦之旅”“三下乡”等社会实践活动开展服务性劳动，强化公共服务意识和面对重大疫情、灾害等危机主动作为的奉献精神。

（4）重视生产劳动锻炼，积极参加实习实训、专业服务和创新创业活动，重视新知识、新技术、新工艺、新方法的运用，提高在生产实践中发现问题和创造性解决问题的能力，在动手实践的过程中创造有价值的物化劳动成果。

二、劳动理论教育课程要求

1. 明确目的

劳动理论教育课程应明确劳动教育的教学目的，通过理论教学，提高学生对劳动教育课的认识，增强其劳动意识，使其掌握基本的劳动知识，明确劳动教育的目的、意义，以及劳动教育的组织形式和方法等。

2. 充分准备

劳动理论教育教学老师要提前做好调查研究，收集有关资料，结合学生缺乏的和实际需要的相关知识内容，认真准备教案，做好教学课件，使用多媒体教学，提高课堂教学效果。

3. 讲究方法

学校应重视劳动教育课程教学改革，应采取研究讨论式教学方法，启发互动式教学，必要时可以把课堂搬到劳动现场去，贴近实际进行理论教学，增强课堂互动性，活跃课堂氛围。

【拓展阅读】

新时代的劳动不是为了让学生吃吃苦、淌淌汗

随着信息化时代的来临，各类工具日益发达，知识的价值也越来越凸显。一些简单的体力劳动已经可以被机器、人工智能替代。在这种背景下，有些家长并不是十分理解，今天强调劳动实践教育，其必要性何在？当下我们所说的劳动观念和此前有什么不同？在人类历史上，劳动技术的每一次进步，都极大地解放了人本身，促进生产

效率提高、生活质量改善。渔猎时代及农业社会，人工劳作是生产生活的主要力量；进入工业社会，大机器生产取代人的体力劳动，人类逐渐从繁重的体力劳动中解放出来，但很多人却被终生固定在某一生产环节，导致教育与劳动相分离；信息化时代，智能机器人开始部分代替人的脑力劳动，又一次刷新了人类对于劳动的认知。

恩格斯在《劳动在从猿到人转变过程中的作用》一文中提出"劳动创造了人本身"，马克思在《哥达纲领批判》中提出"劳动成为生活的第一需要"。这两个观点今天看来不仅没有过时，而且越发显现出其时代意义和未来价值。劳动具有双重价值，一是生产性价值，即劳动的外部性指向，它可以创造产品或提供服务，为社会发展带来实用价值；二是发展性价值，即劳动的内部性指向，可以推动人的智力和体力全面发展。机器可以代替劳动，却无法代替劳动对人的发展性价值。离开了劳动，人类的片面发展将成为不可逃避的历史宿命。无论在当下还是未来，劳动都是人的第一需要，人们从事劳动不只为了生产目的，更是为了人自身全面发展的目的。

新时代的劳动不是为了让学生吃吃苦、淌淌汗，更重要的是让学生通过参加生产劳动、社会实践和科学实验，获得积极的劳动体验，形成正确的劳动观念、劳动态度、劳动习惯，让学生敬劳动、爱劳动、会劳动。从德智体美劳的内在逻辑看，劳动可以立德、增智、强体、育美，一个不尊重劳动人民、不爱劳动、不会劳动的人，不可能是一个全面发展的人，更不可能成为社会主义的合格建设者和可靠接班人。

现代科技在推进产业转型升级的过程中，虽然会给劳动者带来阵痛，但通常也会创造出新的劳动需求。今天，人工智能会对人类的劳动过程产生深刻影响：一方面，简单的操作型劳动可能会被逐渐取代；另一方面，新的劳动岗位正在涌现，比如自动化机器维护和检修工种等。人工智能技术越发达，我们对劳动尤其是高技能劳动的依赖性就越强。

无论今天还是未来，劳动实践教育的必要性是显而易见的。新时代最需要那些既有理论知识，又掌握实践经验，并将二者有效融合的复合型人才。复合型高技能人才的养成是一个复杂过程，通常包括理论知识学习和实务经验累积两个环节，前一个环节发生在学校，后一个环节则在劳动实践中实现。任何一个环节的缺失或不足，都会对高技能人才的养成产生消极影响。所以，新时代的劳动实践教育不应简单等同于体力劳动体验，而应是理论知识的实践运用或者现实检验的过程，是深化知识学习和提升全面素质的重要步骤。

——资料来源：光明日报 2019-07-30

第三节　劳动实践教育课程内容与要求

一、劳动实践教育课程内容

高校校园有下列主要区域，而这些区域内的清扫卫生、整理物品、优化环境等工作，一般可以安排学生的劳动和教育课程、师生的义务劳动、校园文明创建活动或者志愿者活动完成。

（1）教学楼：主要包括楼内各教室和走廊、楼梯、露台、休闲场所、公共卫生间及周边等区域。

（2）实训楼：主要包括楼内各实验实训室、走廊、楼梯、露台、休闲场所、公共卫生间及周边等区域。

（3）活动中心和图书馆：主要包括活动中心和图书馆各活动室、藏书室、阅览室、走廊、礼堂、露台、报告厅、休闲场所、公共卫生间、各类办公室、资料室及周边等区域。

（4）师生公寓：主要包括公寓各楼内走廊、楼梯、露台、值班室、休闲场所、庭院内及周边等区域。

（5）道路、广场：道路主要包括校内各机动车主、次干道、人行道和小道等区域。广场主要包括集会广场、休闲广场、运动场、停车场、各种球类场等区域。

（6）食堂、车库：主要包括校园所有食堂和餐厅、地下人防设施和地下停车库及周边等区域。

（7）校内绿化地、生态园等：主要包括校园内各区域的绿化地、绿化林、校园湖（池）、果树园、生态园及校园周边等绿化区域。

（8）校园其他有关区域等。

二、劳动实践教育课程要求

（1）学校应成立劳动教育课程领导小组，主要负责专业人才培养方案的修订，决定劳动教育课程有关教育教学的组织实施、检查考评、成绩管理、学分登录和奖惩等规章制度，督促劳动教育课程取得好的教学效果。

（2）劳动实践教育课程教研室主要负责专业人才培养方案的完善，负责劳动实践教育课程的教学与管理实施、课程考核汇总、个人成绩评定与录入，根据学生劳动实践教育课程成绩情况确定补考、重修和是否发放毕业证书等。

（3）二级学院应成立以院长助理为组长和有关辅导员、教务员等为成员的劳动实践教育课程实施工作小组，各班级应成立以班长、团支部书记为负责人的劳动实践教育课程组织管理和考评小组，根据校园劳动区域范围，划分成若干个劳动小组和一个考评小组，把班级学生劳动教育课落到实处。

（4）参与劳动实践教育课程的学生要认真上好劳动理论课，掌握必要的劳动知识和技能以及劳动安全注意事项；熟悉劳动的项目、范围、劳动标准和目标要求；劳动过程中，劳动态度要端正，不怕苦，不怕累，按时上下岗，不得迟到、早退、串岗和旷工；服从安排，听从指挥，积极主动完成工作，不消极怠工，完成规定的课时和学分；在劳动期间，要爱惜劳动工具和学校设施，节约用水。

（5）劳动实践教育课程的环境卫生要求。室内区域：保持过道、台阶、地面等区域干净、无积水、无烟头、无各种垃圾；桌面、墙面、天花板、窗户、玻璃和门面保持清洁卫生，无乱张贴张挂，无灰尘和蜘蛛网等。室外区域：无树叶、烟头等垃圾和杂物堆积，保持室外公共卫生环境干净、整洁。

【实践活动】

“劳动筑梦”主题演讲比赛

巍巍长城，诉说着古代劳动人民的智慧和勤劳；葱葱绿林，感怀奉献者的劳动消减了漫天飞扬的黄沙；高楼大厦，映照出建筑工人、技术员圣洁的劳动之魂。是劳动使荒凉的世界变得多彩，是劳动将漫漫沙漠变绿洲，是劳动将建筑的美轮美奂之歌传唱千古。正是劳动本身构成了你追求的幸福的主要因素，任何不是靠辛勤努力而获得的享受，很快就会变得枯燥无聊，索然无味。

请你以“劳动筑梦”为主题撰写一篇演讲稿（可结合当前时政，或热门事件，或著名劳动模范事迹，不少于1000字），并激情饱满地向同学们演讲。

【过程记录】

活动开展方案：______

______

活动开展难点及解决方案：______

______

______

活动心得体会：______

______

【结果评价】

教师可参考下表对学生主题演讲比赛活动情况进行评价。

评价标准	评价细则	分　值	分数小计	教师评价
演讲内容	中心鲜明、深刻，观点正确，见解独到	15 分		
	材料真实、新颖，反映客观事实，具有普遍意义，体现时代精神	15 分		
	语言自然流畅，富有真情实感，具有较强的思想性	10 分		
	结构完整合理、层次分明，论点、论据具有逻辑性	15 分		
语言表达	普通话标准，语速适当，吐字清晰，声音洪亮、饱满	10 分		
	节奏张弛符合思想情绪的起伏变化	15 分		
形象风度	举止自然、得体，精神饱满，能较好地运用姿态、手势、表情表达对演讲稿的理解	10 分		
综合表现	演讲效果好，富有感染力	10 分		

第四节　新时代如何开展劳动教育课程

加强高校劳动教育，重在深入把握高等教育规律，找准劳动教育的着力点、切入点，科学谋划、优化协调、精准高效、扎实推进，做到集中教育与分散教育相结合，课堂教育与课外教育相结合。一方面，课堂教学是教育教学活动的主阵地，加强劳动教育必须开设专门的劳动教育课程，与其他专业课同向同行，才能构建出扎实、完整的知识体系；另一方面，分散性的课外劳动教育是课堂教学的必要补充，必须把劳动教育理念贯穿于学校日常的教育教学全过程，扎实推进劳动教育与思想政治教育、校园文化相结合，完成劳动思想教育的任务；扎实推进劳动教育与专业教育、实习实训相结合，完成劳动知识与技能教育的任务；扎实推进劳动教育与社会实践和志愿服务、创新创业教育、产教融合、职业生涯教育与就业指导的结合，让学生在劳动实践训练中得到全面发展。

课程是人才培养的核心要素，在对学生的培养中最直接、最核心、最显效。劳动覆盖了人类生产生活的各个相关领域，劳动既具有广泛性、复杂性、多样性的特点，又具有相对完整的知识体系和逻辑体系，人类在总结规律、创新知识的过程中形成了劳动哲学、劳动伦理学、劳动文化学、劳动社会学、劳动经济学、劳动法学、劳动关系学、人力资源管理等一系列“劳动”学科，这些学科经过系统化的研究和梳理，完全具备单独开设专门课程的各种必要条件。比如，劳动哲学、劳动社会学能够深化学生对劳动的多维度认识，劳动关系学、劳动法学可以使学生掌握分析解决劳动问题的本领，劳动伦理学、劳动文化学可以帮助学生明确劳动伦理，增强劳动观念。因此，开设劳动教育的专门课程，既是所有专业的通识性需要，也是培养造就德智体美劳全面发展的新时代人才的必然要求。

开设专门的劳动教育课程，必须建立和完善劳动教育学科体系、教学体系、教材体系、管理体系，与其他专业课同向同行。针对高校的人才培养目标，我们制定了劳动教育课程结构，如下图所示。

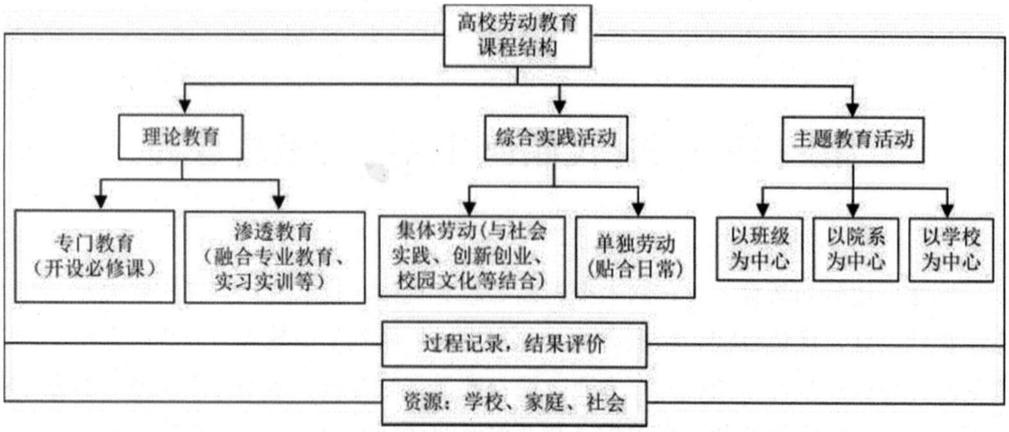

高校劳动教育课程结构图

一、高校劳动教育课程实施要求

（一）将高校劳动教育课课程化

1. 将劳动教育与思想政治教育相结合

劳动教育与思想政治教育的目标具有相关性，内容具有关联性，在实施路径的方式方法上也可以相互借鉴。一方面，思想政治教育有利于强化劳动教育目标的道德引领和精神塑造，有利于塑造和培养学生劳动价值观、劳动态度、劳动品德、劳动习惯、劳动知识与技能，进一步实现劳动教育的五个目标任务；另一方面，劳动教育有助于加强学生思想政治教育的实践性和针对性，有助于提高学生的思想水平、政治觉悟、道德品质、文化素养，有助于学生坚定理想信念、厚植爱国主义情怀、加强品德修养、培养奋斗精神、增强综合素质，促使学生成为德才兼备、全面发展的人才。扎实推进劳动教育与思想政治教育相结合，要完善融通共建机制，做到学校全员、全过程、全方位育人；要利用好思想政治理论课课堂这个主渠道、主阵地，使德育、劳育形成协同效应；要结合学校优势打造特色品牌，弘扬劳模精神、劳动精神和工匠精神。同时注重培养学生的家国情怀和社会责任、专业知识、创新和实践能力、道德品质、国际视野，强调培养实用型、高素质人才。

2. 将劳动教育与专业教育相结合

劳动教育与专业教育具有内在一致性和统一性。一方面，专业教育课程学习本身就是一种脑力劳动，学习的过程本质上也是一种劳动教育；另一方面，专业教育的最终目标，也是满足劳动的根本需要：高校通过专业教育课程的开设，传授专业劳动知识，培育专业劳动技能，培养具有创新精神和实践能力的高级专门人才，输送到相对专业的劳动岗位，发展科学技术文化，促进社会主义现代化建设。特别是在高校的各类专业教育课程设置中，有不少课程具有丰富的劳动属性和劳动指向，如文科的新闻采访和文稿写作课程，理科的数量统计和理化实验课程，工科的机械、电气、建筑、水利等研究应用技术和工艺课程，都是劳动教育与专业教育相结合的鲜活实践。扎实推进劳动教育与专业教育相结合，要在专业教育课程中强化劳动导向，在专业知识中融入劳动要素，构建具有本专业特色的劳动教育价值体系；要加强专业教育中的劳动知识的传授和技能的训练，培养培育劳动精神；要挖掘大国工匠、劳动模范等特色教学资源，开展劳动教育特色专业课程。

3. 将劳动教育与实习实训相结合

劳动教育与实习实训具有辩证统一、相辅相成、相得益彰、共同促进的关系。与实习实训相结合，劳动教育会做得更加扎实、更加生动。实习实训重在培养学生的劳动态度和专业技能，帮助学生完成从学校到社会、从课堂到企业的角色转变；在这一转变中劳动知识与技能的掌握是极为关键的，而这正是劳动教育的重要目标之一。同时，社会是劳动教育的大熔炉，生产一线、劳动一线对劳动教育具有更为直接的促进作用，能够鼓励大学生干一行、爱一行、钻一行，在平凡的工作岗位上做出不平凡的事业，实现实训实习的教育目标，取得实习实训的丰硕成果。

学校要注重对学生劳动情怀的培育，不断提升学生的职业精神，学校通过与企业、社区工厂等开展合作，激励学生参与社会实践，走进工厂、走进基层、走进社会，让学生感受一线劳动的魅力，获得丰富的劳动体验，真正地尊重劳动、热爱劳动；要注重劳动知识和技能的培养，通过实习实训基地和相关单位的精细化统筹安排，拓展学生劳动知识，提升学生劳动技能，特别是要充分发挥劳模工匠等优秀劳动者的引领作用，为学生走入社会做好职业准备。

4. 将劳动教育与社会实践和志愿服务相结合

实践是人们能动地改造客观世界的物质活动，人类历史是由人们的实践活动构成的；劳动是人类特有的社会实践活动，劳动概念是实践概念的具体化。在一定意义上，劳动与实践的最终指向都是作为其主体的人本身。在社会实践和志愿服务中融入劳动教育，既有助于学生形成良好的劳动习惯，提升他们的劳动技能，感受劳动所带来的收获乐趣，形成尊重劳动、热爱劳动的真挚情感；又有助于培养学生的社会实践和志愿服务能力，引导学生“做中学”和“学中做”，在实践中不断实现个人的成长进步、能力养成和素质提升。同时，志愿服务是典型的公益劳动，公益性社会实践在志愿服务中强化劳动教育意识，有事半功倍、相得益彰之效。

5. 将劳动教育与创新创业教育相结合

创造性劳动区别于重复性劳动，是辛勤劳动、诚实劳动的升华，更是人类社会发展进步的根本力量。将劳动教育与创新创业教育相结合，有助于培养、激发学生的创新性和创造性，其目的都是提升学生的创造性劳动水平。创新创业教育是进行创新思维培养和创业能力锻炼的教育，具有创新性、创造性、实践性的特征，对于大学生创造性劳动的激发具有明显的促进作用；同时，对劳动教育而言，创造性劳动的培养既是重点也是难点。探索劳动教育与创新创业教育的结合点，打造“双创”教育的劳育大平台，让学生在创新创业实践中发扬创新精神、培养实践能力、实现劳动创造，奋力跑出“双创”教育的“中国加速度”，是高校加强和完善劳动教育的有效途径。

学校要加强体制机制建设，注重点面结合、强化实践，完善“双创”教育体系；要注重资源整合，拓展“双创”空间，为大学生提供更多参与“双创”活动的机会；要在“双创”活动中加大鼓励和奖励力度，激发学生主观能动性，提升大学生创造性劳动的培养水准。

6. 将劳动教育与产教融合相结合

产教融合是实现产业与教学密切结合，形成校企一体共同培养学生的办学模式。劳动教育在产教融合中具有不可忽视的作用。同时，加强劳动教育，能够在教育层面、经济层面、社会层面以及政策等层面，强有力地推进产教融合，并最终实现赋能产教融合。

（二）将劳动教育课程列入高校必修课程

高校劳动教育课是一门独立的学科，有别于高校思想政治课，具有不可替代性。前者着重以劳动科学知识对学生进行系统教育，后者则要求学生掌握政治理论、思想修养、伦理道德等多方面的知识，不断提高学生的思想政治素质和道德水平，二者在逻辑上是一种交叉关系但无法相互替代。

对于高校学生而言，如果不对其进行系统的劳动科学教育，学生就不能透彻地了解劳动的本质涵义、劳动的创造价值、劳动的普遍意义、劳动对于实现人的全面发展的重要作用。基于此，劳动教育课程应为高校开设的基本必修课程，这是科学、合目的性、合规律性的选择。

【探索思考】

你喜欢劳动吗？你最期待掌握的劳动技能是什么？为什么？

二、高校劳动教育课程具体实施

高校劳动教育课的具体实施需要一个有机的系统，主要涵盖劳动教育的教学原则、教学方法、评价方法等多个方面。

（一）教学原则

（1）坚持教育引导原则。高校劳动教育要体现对大学生积极的教育引导作用，使其通过劳动课程的学习，逐步掌握关于劳动的科学理论知识，把握人类劳动实践的发展规律，从而真正树立尊重劳动、崇尚劳动、热爱劳动的意识。劳动教育重在引导，因此，要摆脱板着面孔说教的教学方法。在教材编写方面，一定要多用引导性语言，以新时代大学生乐于接受的各种形式，循循善诱，说明道理，以提高教材的吸引力、感染力和影响力。

随着时代变迁，学生成长的环境与上一辈人相比发生了翻天覆地的变化，他们衣食无忧，不知稼穑之艰，他们的眼界更为开阔，自我意识也前所未有地强烈。老调重弹的劳动教育，如日常教学中简单的任务、单纯的体力性教育、技艺学习等，与脑力劳动、理论学习无关，无法激发学生的兴趣，无法调动他们参与劳动活动的积极性。

（2）坚持教育深化原则。“熟知并非真知”具有普遍的真理性，依据这一命题，高校劳动教育一定要避免驻足于“熟知”阶段所造成的浅尝辄止，而应当以实现以“真知”为努力方向，即达到对劳动问题的本质揭示、科学揭示、系统揭示。要求劳动教育一方面要在理论上将劳动的本质、劳动实践的普遍意义解释清楚；另一方面要将人们通过劳动实践所结成的现实关系给予透彻的分析，强调人的劳动活动作为人的研究对象，其研究已经取得丰硕的研究成果，成为系统化的科学。基于这一思路，劳动教育应突出劳动的科学性和系统性。

（3）坚持劳动教育从实际出发的原则。高校劳动教育在实施教学实践中，应坚持从实际出发的原则，不要搞“一刀切”。主要体现在两个方面：一是因校制宜。在劳动教育方针指导下，各个高校应以本校相关教学资源、师资队伍、学生实际等客观情况为出发点，制定并实施适合本校实际的劳育教学计划。二是因地制宜。高校劳育必须与当地的实际紧密结合，最大限度地利用本地区劳育资源，科学筹划创建劳育校外实践基地，要同一些生产企业、事业单位、科研院所以及服务业加强联系，使之能为学生进行劳育提供实践场所；同时还要加强同当地工会组织的联系，并在工会的支持下，开展弘扬劳模精神、厚植工匠文化等活动，使学生在活动中感受到劳模与工匠的优秀品格和高尚精神。

（二）教学方法

高校劳动教育在教学方法上，应利用互联网等现代化的教学手段，结合我国自改革开放以来取得的令世界瞩目的劳动成就，通过对学生循循善诱地积极思想引导，达到劳动教育效果。

劳动的功能逐渐转向使个人自我价值实现、获得存在的价值感和意义感等功能，从这个角度来讲，对于大学生来说，他们在学习过程中获得的价值感和存在感更多。因此，要达到通过劳动能够全面育人的目标，开展创造性劳动势在必行。本书采用的劳动教育实施手段及其具体方法如下表所示。

实施手段	要　点
理论讲授	① 让学生认识开展劳动教育的必要性，能重视劳动、尊重劳动、尊重劳动者、懂得劳动的伟大意义 ② 塑造劳动楷模形象，用榜样力量引导学生践行以“诚”待劳，以实干实现自身价值
体验式教学	让学生感悟自身的变化与成长，理解辛勤劳动对于丰富和发展自我的重要性，激发学生在未来学习生活中努力奋进、自主追求与实现梦想的勇气
劳动实践活动	① 培养学生的劳动意识与劳动技能，让学生在实践活动中亲身体验劳动，感受劳动的魅力，明白劳动对于追求幸福生活的重要性 ② 围绕创新创业，使学生学会创造性地解决问题，树立正确择业观，懂得空谈误国、实干兴邦的道理

（续表）

实施手段	要　　点
劳动技能和劳动成果展示	引导学生在家庭生活中主动劳动，并记录过程，体会劳动的意义
劳动竞赛	利用各种竞赛的形式激发学生参与劳动的积极性
演讲（或作文）	引导学生结合社会热点思考劳动对于社会发展的意义，认识自己作为社会一员的义务与使命，从更深层意义上提高自身的劳动素质

（三）评价方法

本书主要采用综合评价和间断性问卷调查两种方法来监测和评价劳动教育的效果，具体如下表所示。

<table>
<tr><th>评价方法</th><th>评价要点</th><th>作　　用</th></tr>
<tr><td rowspan="4">综合评价</td><td>生活表现</td><td rowspan="4">客观评价劳动教育的成果</td></tr>
<tr><td>课堂参与度</td></tr>
<tr><td>实践活动参与度（学生自我服务、家务劳动和社会公益劳动）</td></tr>
<tr><td>劳动素养（创造性、领导力、合作力等）</td></tr>
<tr><td rowspan="4">间断性问卷调查</td><td>劳动安全意识</td><td rowspan="4">客观评价劳动教育的成果；改善劳动教育的手段</td></tr>
<tr><td>劳动态度（使命感、奉献精神等）</td></tr>
<tr><td>对教学手段的喜好程度</td></tr>
<tr><td>对教学手段的建议</td></tr>
</table>

【实践活动】

关于劳动课争议的调研

劳动教育是深化教育领域综合改革的现实需要，对于培育和践行社会主义核心价值观，传承中华优秀传统文化，实现中华民族伟大复兴的中国梦具有重要意义。“富贵本无根，尽从勤里得。”劳动，自古以来就应该受到大众的歌颂。自从劳动教育课开设以后，大部分的同学都得到了劳动上的锻炼，减少了“宅”在寝室以及玩游戏的时间，引导学生去亲近自然、去实践。

但是自从开设劳动教育课以来，也受到了一些争议，有些同学认为劳动教育课的开设占用了用来学习和研究的时间；有些同学认为劳动教育课的开设没有必要，认为未见到此课程起到实质性的作用。利用互联网对上述争议进行调研，设计调查问卷，并撰写调研报告（不少于 800 字）。

【过程记录】

调研的难点：______________________________

____

____

调研的关键点：______________________________

____

____

我的写作思路：______________________________

____

____

____

我的观点：

【结果评价】

教师可参考下表对学生的调研报告情况进行评价。

评价标准	评价细则	分　值	分数小计	教师评价
报告完整	顺利完成并上交完整的调研报告	20 分		
注重事实	用事实材料阐明观点	15 分		
	引出符合客观实际的结论	15 分		
论理性	有叙有议，叙议结合	15 分		
	逻辑清晰，观点鲜明	15 分		
语言简洁	语言流畅，不拖泥带水	10 分		
	善用比喻，可读性强	10 分		

第四章

铭记劳模追求，传承工匠精神

新时代各行业中的劳模和工匠不仅仅彰显了中国制造产业的雄厚人才储备，还鼓舞和激励广大青年和劳动者，增强使命意识和责任担当，大力弘扬劳模精神、劳动精神和工匠精神，让青年人在建设现代化经济体系当中体现价值，在供给侧结构性改革中施展才华，在实现“制造大国”向“创造强国”跨越的征程中展现风采。

【教学目标】

1. 知识目标

（1）了解劳模精神，把握劳模精神的基本要求。

（2）了解新时代工匠精神，掌握工匠精神要领。

2. 素质目标

（1）铭记践行劳模精神。

（2）传承弘扬工匠精神。

【案例导入】

情景一： 小裴是大一新生，在劳动教育课上发表了自己的看法："现代科技越来越发达，很多人工劳动都可以被机器人取代，我觉得在新时代已经没有必要铭记劳模追求，没必要把时间和精力浪费在学习这些老一辈劳模精神上，因为对新时代大学生来说，应该散发新时代大学生的鲜活文化。"

情景二： 在一堂工科示范课上，小雯就"工匠精神"发表了自己的看法，她认为："我们作为西部职业院校的学生，接触的产业链条、生产模式，生产力比起东部相对落后，而新时代工匠精神要求创新、要求在时代前沿发挥自己的聪明才智，与我们的实际情况不符，对于我们来说，并不需要把新时代的工匠精神天天挂在嘴边。"

【想一想】

（1）你赞同小裴和小雯的看法吗？为什么？

（2）新时代大学生需要铭记劳模追求，传承工匠精神吗？请结合自身的经历或见闻谈谈你对"劳模追求"和"工匠精神"的看法。

第一节　新时代劳模精神

劳动模范是民族的精英、人民的楷模。榜样的力量是无穷的。长期以来，广大劳模以平凡的劳动创造了不平凡的业绩，铸就了"爱岗敬业、争创一流，艰苦奋斗、勇于创新，淡泊名利、甘于奉献"的劳模精神，丰富了民族精神和时代精神的内涵，是我们极为宝贵的精神财富。实现国家民族的发展目标，不仅要在物质上强大起来，而且要在精神上强大起来。全国各族人民都要向劳模学习，大力弘扬劳模精神、发挥劳模作用，以劳模为榜样。

一、劳模精神概述

（一）爱岗敬业

爱岗和敬业，互为前提，相辅相成。“爱岗”是“敬业”的基石，“敬业”是“爱岗”的升华。爱岗敬业指的是忠于职守的事业精神，这是职业道德的基础。“爱岗”就是热爱自己的工作岗位，热爱本职工作，“敬业”就是要用一种恭敬严肃的态度对待自己的工作。

1. 爱岗敬业是忠于职守的事业精神

热爱本职，就是工作者以正确的态度对待各种职业劳动，努力培养热爱自己所从事的工作，凸显工作过程中的幸福感、荣誉感。一个人，一旦爱上了自己的职业，他的身心就会融合在职业工作中。就能在平凡的岗位上，做出不平凡的事业。每个岗位都承担着一定的工作职能，都是从业人员在工作分工中所获得的扮演角色。中华民族历来有“敬业乐群”“忠于职守”的传统美德。

2. 爱岗敬业是道德规范的基本要求

爱岗敬业，认真对待自己的岗位，无论在任何时候，都要尊重自己的岗位职责，认真履行自己的岗位职责。这是社会对每个社会成员个体的普遍性的、最基本的道德要求。爱岗敬业是服务社会贡献力量的重要途径，是各行各业生存的根本，能促进良好社会风气的形成。

立足本职，爱岗敬业，挑战自我，奉献社会，是对每一个从业人员的基本要求。

【经典案例】

坚守岗位的最美“逆行者”

2020年注定是不平凡的一年，新冠肺炎来势汹汹，让处在新春佳节之际的中国人民猝不及防。

大年三十的除夕夜，本该是合家团聚在家里吃年夜饭、看电视春节晚会的时候。医务人员却不辞辛苦，依然坚守在工作岗位。他们辛苦工作，脸上被口罩和其他防护用具压出一道道红痕，从没有喊过累、说过放弃。

在这场没有硝烟的战役中，有数不胜数的军人、医生，他们未曾谋面，素不相识，却为了同一个目标齐聚武汉。他们一直都坚守在自己的岗位，兢兢业业、争分夺秒地去抢救病人、研究药物。为了全国人民的生命安危，钟南山、李兰娟等院士虽已高龄，但疫情发生后，他们冲到战斗一线，指导防疫工作，从未懈怠。不顾危险、无论生死的誓言让人听了不禁泪目，他们的坚守更是让我们钦佩不已。

面临生死危难的考验，医护人员毫无惧色，慷慨激昂往前冲，英雄气概战“疫”魔，忠心耿耿坚守诊疗“火线”，大义凛然守护着我们的家园。他们喊着豪言壮语，跑上飞机客舱，登上高铁车厢……有这样坚守岗位、默默付出的“逆行者”顽强战斗，国家可以放心，人民可以放心。

——资料来源：搜狐网 2020-04-21

3. 爱岗敬业的基本要求

（1）爱岗是敬业的首要因素。

“爱”是投入的前提，“敬”是责任的缘起。只有热爱自己的本职工作，才会始终保持强烈的责任感，才会在工作中投入自己最大的精力，才会自觉地把工作当作事业来干。热爱自己的工作，就不会把工作当作生计，而是看成自己的事业；热爱自己的工作，就不会只想着这是个临时的位置，整天琢磨着如何跳槽：热爱自己的工作，就不会把它看成苦差事，而是主动从中寻找快乐；热爱自己的工作，就不会觉得糊弄过去就行了，而是力求把工作做到完美；热爱自己的工作，就会努力激发自己的潜能，全面提高自己的工作能力。

（2）尽责是爱岗敬业的必然选择。

尽责就是认真负责，忠于职守，尽心尽力地做好手中的工作，善始善终地完成自己承担的任务。一个人在多种因素的作用下，选择了自己要从事的职业，社会为你安排了岗位，你必须守土有责，保证这个岗位的顺利运转。责任感是敬业的关键部分，因为责任感越强烈，你对工作和事业的尽力程度就越高，尽力程度越高，就越能激发你的各种能量，取得常人所不能及的成绩。

（3）专注是爱岗敬业的核心因素。

古语说：“敬业者，专心致志，以事其业也。”专心致志、心无旁骛是敬业的内在含义。专注于事业，人们就会收起许多私心杂念，就不会受花花世界的诱惑，就能够把更多的热情投入事业和岗位，就会提高工作效率，增加自己在职业方面的造诣。

（4）钻研是爱岗敬业精神的升华。

敬业更要精业。做好工作，必须要有专业的技能和职业的能力。在效率优先的年代，谁效率高、谁拥有的知识丰富，谁拥有的就业机会就多，谁就能获得丰厚的回报。这就需要每个人不断地加强学习，不断地积累经验，从而掌握该领域最前沿的知识、最丰富的经验、最适用的办法，使自己比其他人更精通，成为工作方面的行家里手。

（5）奉献是爱岗敬业的必然境界。

敬业者怀着使命感工作，对工作表现出极大的热忱，不可避免地要比别人投入更多的时间和精力。敬业从本质上要求我们不能只为了薪水而工作，要懂得适当的牺牲和奉献。

（二）争创一流

争创一流是劳模精神的精华。争创一流即追求一流的技术水平，干出一流的工作业绩，达到一流的工作效率。一代代劳模在自己所钻研的领域内争创一流，正是这种工作态度使他们在众多劳动者中脱颖而出，获得了“劳模”的称号。

劳模精神体现为爱岗敬业、争创一流的精神。爱岗敬业是对劳动者的普遍性要求，争创一流是对劳动者的先进性要求。在爱岗敬业的基础上实现争创一流的业绩，这是只有少数劳动者才能实现的目标，从而成为广大劳动者学习的楷模、效仿的典范。只有大力倡导爱岗敬业、争创一流的劳模精神，才能在广大劳动者中形成有奋斗目标、有扎实劳动、有较高效率的劳动风尚和社会风气。倡导爱岗敬业、争创一流的劳模精神，既要榜样引路，更要机制推动，才能恒久有效。

（三）艰苦奋斗

中国革命斗争之所以能够取得胜利，很重要的一个原因就在于中国共产党人一直保持着艰苦奋斗精神，井冈山精神、长征精神、延安精神、沂蒙精神、西柏坡精神等，无一不是这种精神的体现。

1. 艰苦奋斗才能成就事业和幸福

无论是建设现代化经济体系、发展社会主义民主政治，还是推动社会主义文化繁荣兴盛、全面推进国防和军队现代化，都需要全国上下共同奋斗，最终使涓涓细流汇成江海。

保持艰苦奋斗，不仅意味着在物质层面坚持艰苦朴素、勤俭节约的生活作风，更意味着在精神层面保持着战胜一切艰难险阻、一往无前的思想态度。

古人讲得好，“艰难困苦、玉汝于成”。奋斗是新时代的最强音。在新的时代，唯有大力弘扬艰苦奋斗精神，不忘初心、牢记使命，才能凝聚起全面深化改革的强大力量，才能推进事业的不断创新，才能最终实现中华民族伟大复兴的中国梦。

2. 大力弘扬艰苦奋斗精神

弘扬艰苦奋斗精神，需要用理想信念去支撑。理想是人生的灯塔，是前进不止的动力。“三军可夺帅也，匹夫不可夺志也。”只有树立起远大理想，才能勇挑重担、甘愿付出，始终保持旺盛斗志，才不会在遇到困难时彷徨、犹豫与退缩。

弘扬艰苦奋斗精神，需要用实践行动去体现。空谈误国，实干兴邦。在新时代弘扬艰苦奋斗精神，最终要落实到行动上，体现在实践中。“道虽迩，不行不至；事虽小，不为不成。”青年大学生进入职场后要“不畏浮云遮望眼”，敢于迎难而上，以坚韧不拔的奋斗精神，创造出实实在在的业绩；要自强不息，开拓奋进，在任何时候都不懈怠，不涣散奋斗意志，努力创造出无愧于时代，经得起实践检验，为人民群众所称赞的工作业绩。

【拓展阅读】

时代楷模——八步沙·六老汉·三代人

有这样一群人，死去的和活着的被一起树碑立传；有这样六位老汉，不但把自己“埋”进沙漠，还立下了父死子继的誓约；有这样的三代人，子承父志、世代相传，守得沙漠变绿洲。

甘肃省古浪县八步沙林场拍摄的八步沙三代治沙人

20 世纪 80 年代，八步沙——腾格里沙漠南缘甘肃省古浪县最大的风沙口，沙魔从这里以每年 7.5 米的速度吞噬农田村庄，“秋风吹秕田，春风吹死牛”。当地六位年龄加在一起近 300 岁的庄稼汉，在承包沙漠的合同书上按下手印，誓用白发换绿洲。38 年过去，六老汉如今只剩两位在世。六老汉的后代们接过父辈的铁锹，带领群众封沙育林 37 万亩，植树 4000 万株，形成了牢固的绿色防护带，拱卫着这里的铁路、国道、农田、扶贫移民区。这不仅仅是六个人的故事，也不仅仅是六个家庭的奋斗，更不仅仅是三代人的梦想，这分明是人类探寻生存之路过程中对大自然的敬礼！

1981 年，随着国家三北防护林体系建设工程的启动和实施，当地六位老汉郭朝明、贺发林、石满、罗元奎、程海、张润元，在合同书上摁下红指印，以联产承包的形式组建了八步沙集体林场。

后来的几年里，郭朝明、罗元奎老汉相继离世。老汉们走前约定，六家人每家必须有一个“接锹人”，不能断。就这样，郭老汉的儿子郭万刚、贺老汉的儿子贺中强、石老汉的儿子石银山、罗老汉的儿子罗兴全、程老汉的儿子程生学、张老汉的女婿王志鹏接过老汉们的铁锹。

“六兄弟”成了八步沙第二代治沙人。2017 年，郭朝明的孙子郭玺加入林场，成为八步沙第三代治沙人。父死子继、子承父志、世代相传，成了六家人的誓约。

1999 年，甘肃省绿化委员会、省林业厅、中共古浪县委、县政府曾为“六老汉”和郭万刚及八步沙林场镌碑立传。2019 年 3 月，“六老汉”三代人治沙群体又被授予“时代楷模”荣誉称号。

个人敢做梦，时代能圆梦。郭万刚兄弟几个曾经印刷过一张名片，背后是一幅绿茵茵的生态家园图：山岳染绿，花木点点，雁阵轻翔。这正是他们不懈追求的美丽梦想。

（四）勇于创新

勇于创新是劳模精神的核心。勇于创新的精神即运用已有的知识、信息、技能和方法进行发明创造、改革、革新的意志、勇气和智慧。创新精神是一个国家和民族发展的不竭动力，也是推动人类文明不断向前发展的重要力量。

勇于创新就是敢于创新、善于创新。劳动条件有好坏之分，劳动环境有优劣之别，劳动任务有轻重之差，劳动过程有顺逆之区，任何人都不能随随便便成功，只有不畏艰苦、积极进取、敢于创新、善于创新才是成功之道。劳动者中的先进分子能够面对艰苦的条件、环境，艰巨的任务、过程，不断进取，善于创新，最终取得超越一般人的成绩。时代在进步，现实的条件与过去不一样了，但勇于创新的劳模精神，仍然要成为新时代每个劳动者追求的精神家园。倡导勇于创新的劳模精神，要坚持实事求是、与时俱进，既不畏艰苦，更追求卓越，才能永葆劳模精神薪火相传、创新发展。

（五）淡泊名利

淡泊名利，意为轻视外在的名声与利益。淡泊名利是劳模精神的灵魂。对多数普通的劳动者而言，需要一定的名利，并且看得较重一些，这是其生存和发展的需要。而淡泊名利者，他们轻视外在的名声与利益，在国家、集体和他人需要的时候，能够放弃个人某些所得，心甘情愿地做力所能及的奉献。淡泊名利是种境界，追逐名利是种贪欲。新时代的劳模不会只看重眼前的利益，而是心怀大志、心无杂念，用纯粹的心投入所从事的事业中。

（六）甘于奉献

甘于奉献是劳模精神的底色。奉献是一种态度，是一种行动，也是一种信念。一代代劳模在自己的岗位上用劳动为祖国和人民奉献一切，在奉献中实现自己的人生价值，体现出无私奉献的优秀品质，体现出报效祖国、服务人民的崇高追求。

甘于奉献，是对自己的事业情愿不求回报地热爱并全身心地付出。劳动模范就是这样一群人，他们淡泊名利、甘于奉献，恪守道德底线和法律底线，危害国家和人民利益的事情不为，损公肥私、害人害己的功利不取，不学无术、沽名钓誉、欺世盗名、寡廉鲜耻、自私自利、无情无义的品行不耻。他们是一种纯粹高尚的、脱离了低级趣味的、有益于社会和人民的人。他们以高度的主人翁责任感、卓越的劳动创造、忘我的拼搏奉献，为普通劳动者树立了学习的榜样。

二、传承新时代劳模精神

（一）以劳模精神实现价值引领，激发劳动精神的内生动力

人类生存求知的目标是为了发挥主体的能动性、实现自我价值、推动社会的进步发展。作为青年学生，除了实现自我发展的人生目标，探寻超越自我的价值追求、创造属于个体的幸福美好生活外，还应具备参与社会劳动奉献、勇于承担社会责任的精神。

（1）以个人奋斗的幸福梦激发对劳动的热爱。新时代青年学生期盼能够通过知识技能的学习和社会经验的积累来促进自我的发展，使自身获得更好的工作和更美好的

生活，这些都是个体美好的生活愿景。但是要想达成理想，没有艰辛的努力付出，终究会变成个人的空想。幸福的生活不是坐享其成、贪图享乐就可以实现的，必须通过个体的诚实守法劳动方可获得。

（2）国家的富强、民族的复兴、伟大中国梦的实现，都需要作为追梦者和圆梦人的每一个青年学生，依靠自己的聪明才智和辛勤劳动来实现。新时代为当代大学生提供了广阔的发展舞台，青年学生要以国家富强、民族振兴、人民幸福为己任，将自己的个人梦想与国家的前途、民族的命运紧密地结合起来，胸怀理想、志存高远，以勤学苦干、敢于创新的精神，激励自己投身于中国特色社会主义伟大实践中去。

（二）以劳模精神加深劳动认知，提高劳动自觉

劳模精神培育的前提是对劳动要有科学的认知。只有充分认识到劳动的价值和意义，才能为了信仰而产生劳动自觉，这种劳动信仰就是培养我们自身劳动精神的原动力。其基本要求是要形成崇尚劳动、热爱劳动、尊重劳动者，以辛勤劳动为荣，以不劳而获为耻的科学认知，并将科学认知转化为劳动信仰的劳动实践自觉，体现了人生价值和社会价值的统一，使得个体在追求个人目标实现的同时，能对社会发展和进步起到推动作用，并最终找到人生的价值和意义。

（三）以劳模精神实现榜样带动，彰显劳模精神的榜样力量

榜样的力量是无穷的，榜样教育具有示范、激励、导向、调整、自律和矫正等多种功能。作为培育新时代劳动者大军的主渠道、主阵地，学校在传播知识和技能培养的同时，必须把劳模精神融入其中，激发学生劳动热情，涵养奉献情怀，增强集体意识。

1. 用劳模精神激发劳动意识

新时代的大学生，其物质生活得到极大改善，但其中相当一部分学生自立意识不强，抗压能力较弱。高校培育和弘扬劳模精神，就是要借助劳模的光辉事迹，感染、启发和带动更多青年学生热爱劳动，提高劳动能力，养成劳动习惯，形成吃苦耐劳的劳动精神，更好地适应以后的工作岗位。

2. 用劳模精神涵养奉献情怀

劳动和奉献是相互连结、不可分割的。劳动是奉献的基础，没有劳动，奉献就无从谈起；奉献是劳动的升华，为劳动增添价值。劳模精神突破了自给自足的狭隘劳动观念，着重强调奉献社会的人生追求，充分发挥个人智慧与才干，通过劳动创造为人

民服务、为民族振兴服务，才能完全体现出一个劳动者的人生价值。立德树人就是要祛除小我的功利劳动观，培育大我的奉献精神，把奉献祖国和人民作为毕生的人生追求，补齐个人性情成长的短板，塑造健康人格。

3. 用劳模精神增强集体意识

现代社会分工细化，人的相互联系日趋紧密，依赖程度逐步加深，社会发展呼唤集体意识。但在理论学习和实践之中，怎样将集体意识落实为个体的实践行为，把集体潜意识自发提升为团队协作的正能量，凝聚成长发展合力，是立德树人面临的一项重要问题。劳模精神在任何时期都表现出了鲜明的集体主义倾向，在具体的劳动实践过程中推动集体和共同发展，将指引大学生将个人的价值追求自觉融入民族复兴的"中国梦"中。

【探索思考】

（1）结合新时代新要求，谈谈如何继承和弘扬劳模精神？

（2）反思总结与自身相关的具有劳模精神的一件事，并形成完整议论文。

第二节　新时代工匠的自我修炼

"工匠的自我修炼"就是要求新时代的建设者和担当者具备工匠精神。工匠精神是一种严谨认真、精益求精、追求完美、勇于创新的精神。在新时代大力弘扬工匠精神，对于推动经济高质量发展、实现"两个一百年"奋斗目标具有重要意义。

我国自古就有尊崇和弘扬工匠精神的优良传统，一些工艺水平在世界上长期处于领先地位。瓷器、丝绸、家具等精美制品和许多庞大壮观的工程建造，都离不开劳动者精益求精的工匠精神。《诗经》中的"如切如磋，如琢如磨"，反映的就是古代工匠在切割、打磨、雕刻玉器等时精益求精、反复琢磨的工作态度。《庄子》中讲庖丁解牛游刃有余，"道也，进乎技矣"。可以说，我国古代非常注重工匠精神，形成了"尚巧工"的社会氛围。

新中国成立以来，党在带领人民进行社会主义现代化建设的进程中，始终坚持弘扬工匠精神。无论是"两弹一星"、载人航天工程取得的辉煌成就，还是高铁、飞机等的设计与制造，都离不开工匠精神，都展现出中国人民对工匠精神的继承与发扬。

一、务实勤劳的实干精神

“实干”是干好工作的前提，也是发展进步的重要保证。面对纷繁复杂、日新月异的社会现象，青年大学生在新时代、新任务下要弘扬实干精神，做到“想为、敢为”。

（一）求真务实是实干精神的关键

弘扬求真务实的作风首在观念转变。思想是行动的先导，没有思想认识的大提高，就不会有事业的大进步。要坚持在解放思想中统一思想，在统一思想中更新观念，为推进加快发展、科学发展、又好又快发展奠定坚实的思想基础，提供强大的精神动力。青年大学生要进一步解放思想，勇于创新，奋力开拓，敢为人先，发扬实干精神，坚定求真和务实的观念，只要是有利于自身成长、有利于又快又好发展，就大胆试、大胆闯、大胆干。要善于总结发展中的新经验，善于探索解决问题的新办法，善于找到攻坚破难的好措施。

弘扬求真务实的作风重在落实。“空谈误国，实干兴邦”。推进又好又快发展，要求青年大学生真正俯下身子，沉下心来，脚踏实地干事业，埋头苦干促发展。确保工作干一项成一项，取得实实在在的成效。要发扬不怕困难、甘于吃苦的精神，多到基础条件差、发展相对慢的地方脚踏实地地锻炼自己，多到矛盾突出、困难较多的地方有针对性地磨炼自己。要说实话、办实事、出实招、求实效，坚决做到不务虚功、不图虚名，坚决反对搞形式主义、做表面文章，真正做到一步一个脚印，以扎实的工作接受社会和实践的检验。青年大学生要力戒形式主义。

求真务实，就是各项工作要立足于“实”、扎根于“实”。要讲真话、报实情、求实效。实事求是，脚踏实地，敢创新、敢将自己的真才实学发挥到社会真正需要的地方去。实事求是马克思主义的精髓，我们过去取得的一切成就都是靠实事求是。今天，我们要把中国特色社会主义事业继续推向前进，还是要靠实事求是。

（二）勤劳踏实是实干精神的保证

青春岁月一生只一次，恰如昙花一现，又如江流入海，奔涌向前。这是人生中最美好且短暂的时光，更是不可复刻的璀璨年华，因此古人有“青春须早为，岂能常少年”之言。于现代青年人而言，似乎时刻都在忧虑，唯恐脚步稍慢，就会被这个时代抛在身后。殊不知，“早和快”远不如“稳和静”来得稳妥心安。青春的座右铭的确应是步履不停地向前奋进，但不急功近利、不功利为之的“静”，才应是青春中那抹最纯净的“底色”。

脚踏实地是仰望星空的根基。无论梦想如何绚烂，也要靠静下心来一步一个脚印地去追逐实现。守住自己的初心，将自己真正喜爱的专业兴趣，发展成为之奋斗的事业，将“热爱”转化为社会生产力，这是当代青年人真正对自己的人生高度负责的体现。在明白“时不待我”的紧迫性的同时，更要经历“宁静致远”的人生修炼。于青年人而言，“驱车策驽马”的驰骋前提，是懂得“悠悠涉长道”的心境，也只有在“静”的底色中，青春的拼搏与奋斗才会越挫越勇，一往无前！

务实、勤恳、脚踏实地，不仅对一个人做学问极为重要，而且对一个民族、社会的发展和进步尤为重要。拥有务实的态度，才能保持一颗清醒的头脑，尊重客观事实，从而获得新的进步，反之，一个在虚幻中自我陶醉，浮躁、急于一步登天的民族和社会，是不可能创造辉煌，达到理想境地的。

（三）坚定理想信念是实干精神的基础

实干要有“想为”的境界。理想信念就像人生的灯塔，决定我们的言论和行动，也决定我们的立场和方向。没有理想信念，精神上就会“缺钙”。要真正将理想信念建立在科学理论的理性认同上，建立在对历史客观规律的正确认识上，让实干有“想为”的境界。只有“想为”才能“会为”，进而才能“巧为”。

实干要有“敢为”的担当。担当是一种情怀。“居庙堂之高则忧其民，处江湖之远则忧其君”“先天下之忧而忧，后天下之乐而乐”是范仲淹忧国忧民的担当情怀。无论在烽火连天的战争岁月里，还是在和平建设的新时期，无数共产党员胸怀革命的崇高理想，坚定共产主义的伟大信念，敢于担当，勇于奉献。唯有担当才能扬起人生的风帆，唯有担当才能无愧于历史、无愧于时代、无愧于人民。

【拓展阅读】

奋斗新时代还需“铁人精神”

伟大时代呼唤伟大精神，伟大事业更需榜样引领。“铁人精神”是中华民族精神的重要组成部分，是历久弥新、永不褪色的宝贵精神财富，是激励中华儿女拼搏奋进、担当作为、干事创业的强大精神动力。

“铁人”王进喜，1923 年 10 月 8 日出生于甘肃酒泉玉门市赤金堡一个贫苦农民家庭。1950 年，王进喜成为新中国第一代钻井工人。1956 年 4 月，王进喜光荣加入中国共产党，后担任贝乌五队队长，带领井队创出月钻井进尺 5009.47 米的全国最高纪录，贝乌五队荣获“钢铁钻井队”称号，他也以“标杆立祁连”的战绩被誉为“钻井闯将”。1960 年 3 月，他主动请缨，率领 1205 钻井队开赴大庆参加石油大会战，靠“人拉肩扛”搬钻机、“盆端桶提”运水保开钻的办法，打出了到大庆后的第一口井。1960 年 5 月，在开钻 2589 号井时，他不顾腿伤跳进泥浆池，用身体搅拌泥浆压服井喷，被人们誉为“铁人”。1964 年 12 月，王进喜出席第三届全国人民代表大会。1969 年 4 月，王进喜出席党的九大并当选为中央委员，受到党和国家领导人毛泽东、周恩来的亲切接见。由于长期积劳成疾，王进喜身患胃癌，但直到生命最后一刻他仍然关心着油田建设，病逝时年仅 47 岁。1972 年 1 月 27 日，《人民日报》发表长篇通讯《中国工人阶级的先锋战士——铁人王进喜》，高度评价了王进喜伟大的一生，在全国掀起了学习“铁人精神”的热潮。世纪之交，王进喜同孙中山、毛泽东、雷锋、焦裕禄等一起被评为“百年中国十大人物”。

学习传承“铁人精神”，着力激发新时代“铁人”的内生动力。深度挖掘“铁人”事迹和“铁人精神”的时代内涵，坚持将“铁人精神”作为教育党员干部最重要的资源和最鲜活的教材。通过讲述“铁人”故事、传唱“铁人”歌曲、展播“铁人”影视、踏寻“铁人”足迹、编辑“铁人”逸事等多种形式，春风化雨，成风化人，教育引导青年大学生弘扬“铁人精神”，自觉做到政治上对党忠诚、思想上知行合一、作风上严以律己、业务上精益求精、工作上一丝不苟、纪律上从严要求，不忘初心、牢记使命，争做新时代的“铁人”。

——资料来源：人民网 2018-10-15

二、锐意进取的奋斗精神

“天行健，君子以自强不息”。中华传统文化效法大自然刚健日新、运转不息之象，崇尚自立自强，进德修业，向上向前，永不停止。5000 多年灿烂文明，中华民族筚路蓝缕，胼手胝足，不怕困难，不畏强暴，淬炼了奋发向上、顽强拼搏、自强不息的伟大精神。当下，实现中华民族伟大复兴，就是要每一个中华儿女肩负起历史使命，并保持锐意进取的奋斗精神。

（一）精神状态决定事业成败

保持锐意进取、永不懈怠的精神状态，是我们不断从胜利走向新的胜利的重要法宝。良好的精神状态，是做好一切工作的重要前提，是人们战胜困难、成就事业不可缺少的重要因素。回顾历史，革命、建设、改革事业从来不是一帆风顺的，每个时期都面临各种各样的风险和挑战。面对艰难险阻，我们党始终锐意进取、永不懈怠、一往无前，团结带领人民取得了世人瞩目的巨大成就。今天，中国特色社会主义进入新时代，改革开放事业到了一个“船到中流浪更急、人到半山路更陡”的时候，到了一个愈进愈难、愈进愈险而又不进则退、非进不可的时候。摆在我们面前的使命更光荣、任务更艰巨、挑战更严峻、工作更伟大。这更需要青年大学生始终保持锐意进取、永不懈怠的精神状态，勇于担当作为，善于攻坚克难，只争朝夕、夙夜在公，在新时代创造新的更大奇迹。

志于远大理想。“夫志，气之帅也。”理想志向是心气干劲的统帅。勇于担当作为，良好的精神状态，最终要落实到干事创业上。“事者，生于虑，成于务，失于傲。”伟大梦想不是等得来、喊得来的，而是拼出来、干出来的。

（二）艰苦奋斗成就幸福人生

法国音乐家贝多芬热衷于音乐创作，然而命运在他早年时期残酷地夺去了他的听力，这对一位音乐爱好者来说是多么沉重的打击。然而贝多芬不甘于命运，奋斗不停，把自己的不幸变为奋斗的动力，靠不断地自我鼓励、自我暗示来提醒自己时刻不忘努力奋斗，最终取得了斐然的成绩。他创造了音乐史上极大的奇迹，成为人们口语相传的一段佳话，名垂青史。

人生的路不可能是一帆风顺的，就如一条小河一样弯弯曲曲，花朵只有经过了努力才能美丽绽放，大树只有经过了风吹日晒才能参天，而我们只有经过了奋斗才能成才。成功者必备的成功条件之一就是奋斗。成功需要奋斗作基石，我们需要用奋斗书写辉煌，只有通过奋斗才能进步。奋斗是为一个目标去战胜各种困难的过程，这个过程会充满压力、痛苦、挫折。奋斗的目的是享受这个过程，而这个过程带给我们的各种快乐、悲伤、愁苦，都会成为我们心智更加成熟的养料。当我们成熟之后再次回过头来，看待这一些压力，这一些痛苦，这一些挫折，只会心满意足地微笑，因为你至少经历过。而相对于那些父母为其铺好路的人来说，奋斗者无疑都是幸运者，因为温室中的花朵是永远无法接受暴风雨的洗礼的。成功的喜悦难以用语言来表达，而奋斗的过程却更值得我们去回味。

【拓展阅读】

走近“爱折腾”的新时代工匠徐击水

不同岗位，不同讲述，一样的是感动和鼓舞。他是躬耕行业数十载的荆楚楷模、新时代工匠——武汉奋进电力技术有限公司、武汉奋进智能机器有限公司董事长徐击水。

1995 年，徐击水加盟武汉奋进电子仪器有限公司，随后相继创立奋进电力技术有限公司、奋进智能机器有限公司，担任公司负责人及技术研发带头人。

纵观徐击水的创新创业之路，不难理解为何媒体会称其“爱折腾”，更会为新时代匠人刻苦钻研、不断奋斗的精神所折服。

徐击水就读于武汉水利电力学院，毕业后留校做了一名教师。1995 年，他毅然放弃了“铁饭碗”，带领几个学生组建武汉奋进电力技术有限公司，走上创业道路。改变电力行业数十年带电作业工具存放传统的新产品——智能化带电作业工具库房面世。据介绍，全自动智能化库房不仅可有效控制带电作业工具存放环境的温度和湿度，而且还可对其进行远程控制。

瞄准行业痛点，徐击水带领武汉奋进电力技术有限公司陆续推出了智能绝缘工具柜、电力配网专用车、带电作业高压水冲洗清洗车、智能配网抢修车、智能库房以及带电作业工具和安全工具的试验系统等产品。

20 多年来，该公司不断创新，在行业崭露头角，已完成 14 项带电作业技术与装备的国内首创，参与制定国家及行业标准 8 项，拥有相关发明及实用新型专利 71 个，获得省部级科技进步奖 1 项。

凭借多年的市场经验和技术敏感性，徐击水觉得：要做不一样的机器人，样子不一样的机器人。就这样，奋进智能放下了经营多年的通用机器人，走向全新领域，为不同行业定制机器人，并起了一个响亮的名字——“工匠机器人”，迎来了奋进智能的又一次春天。

徐击水做了大量调研，他将奋进智能的长期战略目标定为“聚焦行业应用，打通机器人产业链，建立行业定制化工业机器人第一品牌”，“互联网+机器人+人工智能”的技术变革为行业带来希望，利用智能机器人技术传承“工匠精神”成为可能。

基于生产流程大数据互联环境，智能工匠机器人诞生——它将“匠人”的手法和技艺，转化成机器人的动作数据库和工艺数据库，严格遵循传统工艺、模仿人工作业，进行定制化结构设计和算法规划，同时集成大量的外部传感器，所有数据传送至云服务器，进行云计算和深度学习。

如此一来，这种机器人就仿佛具有工匠一样的“眼睛和鼻子”“大脑”和“手脚”，能“自我感知”“自动进化”和“主动优化”，交互信息、积累经验并精益求精。

——资料来源：中国光谷 2019-07-18

三、敢为人先的创新精神

创新是知识经济时代的一个显著标志，创新是一个民族进步的灵魂，一个没有创新能力的民族，难以屹立于世界民族之林。当今国际社会处于飞速发展的时代，追求卓越的创新精神显得尤为重要。只有拥有创新精神的国家，才能让自己立于世界强国之林。

（一）追求创新是工匠精神的传统

追求创新的作风在很早以前就根植在数千年的华夏文明中。这种勤勉认真、刻苦练习和研究的精神，造就了中华璀璨多姿的文化。所以在中华几千年历史里从来都不缺大师级的工匠，正是这种一直流传下来的人生态度、事业态度才造就了我们世世代代的绝学大师、文化巨匠。

在中华几千年的文明史中，工匠们除了各种发明创造外，还具有不断追求创新的精神。张衡发明了浑天仪和地动仪，比欧洲早 1700 多年；南朝祖冲之精确地算出圆周率是在 3.1415926～3.1415927 之间，这一成果比欧洲早 1000 年；中国人于公元前 5 世纪发明了双动式活塞风箱，西方于 16 世纪才用双动式活塞风箱，比中国晚了 2100 年左右；公元前 2 世纪，中国人发明了旋转式扬谷扇车，到 18 世纪初，西方才有了扬谷扇车，比中国晚了 2000 年左右；公元前 1 世纪，中国人发明了独轮手推车；而西方到公元 11 世纪才出现独轮车，比中国晚了 1200 多年；东汉华佗擅长外科手术，被誉为“神医”，他发明的有麻醉效果的麻沸散比西方的麻醉药早 1600 多年；隋唐赵州桥是现存世界上最古老的一座石拱桥，等等。

我们在传承中国工匠精神的同时，也要了解中国工匠精神的内涵。将这些宝贵文化遗产与现代企业的管理理念相结合，并引入科学研究范畴，拓宽中国工匠精神与人文研究的视野，加深我们对中国工匠精神在企业文化中的不可替代性以及对提高员工地位的再认识。

中华民族是充满智慧的民族、不甘落后的民族，今天，在大众创业、万众创新的热潮中，我们要呼唤中国古代工匠那种敬业、勤奋、执着、创新精神，以此为企业铸魂。企业更要为冲锋陷阵者、为敢于亮剑者、为勇于改革者创造良好的制度环境和激励机制，让人人敢担当、个个能出彩，使中国成为创新大国、制造大国。清代郑板桥有诗曰：“咬定青山不放松，立根原在破岩中。千磨万击还坚劲，任尔东西南北风。”有了这种精神，定能实现我们的强国之梦。

【拓展阅读】

创新中国

过去几年，神舟飞天、蛟龙入海、高铁奔驰、大飞机首飞，从移动支付到共享单车，从网购到物联网、大数据、云计算等新技术，我国持续推进科技创新，科技成果密集亮相，呈现井喷态势。

2013 年，“创新”被定义为引领中国未来发展的第一动力。国家投入的科研经费达到 1.1 万亿元，首次超过日本，世界排名第二；2018 年，中国科研经费投入近 2 万亿元。

2014 年，中国的国际专利申请量超 2 万件，成为全球国际专利申请总量的最大贡献者，也是唯一一个国际专利申请量增长达到两位数的国家。

2015 年，我国科技人力资源总量超过了 7100 万人，居世界第一。

2018 年，我国的科技进步对经济增长的贡献率达到了 57.5%，创新能力从 34 名“跑”到了 17 名，是世界前 25 位中唯一的中等收入经济体。现在，超百项深化科技体制改革措施正在加速推进，一个个创新成果，正在改变人们生活，中国正在成为创新型国家。

古有四大发明：造纸术、指南针、火药、印刷术。现有新四大发明：高铁、移动支付、共享单车和网购。从古至今，中国人的创新脚步从未停止，这一步步脚踏实地，都在谱写着一条强国之路。

这些年我国在航空航天领域投入很大，如登月计划、载人航天计划、空间站等。2018 年，我国发射的嫦娥四号无人探测器主要任务就是着陆月球表面。这是世界首个在月球背面着陆和巡视探测的航天器，更深层次科学探测月球地质、资源等方面的信息，完善月球的档案资料。

过去几年，我国日益强大的科技实力也在深海探测领域有所体现。从“进入深海”时代走到“深海探测开发”时代只用了短短几年的时间，深远海利益的维护和保障得到进一步加强。未来，我国还将开启“海底空间站项目”，更深地探索和利用海洋资源。

改革开放至今，我国已经成为名副其实的交通大国，中国高铁能够成为名片走出国门也是我国科技人员技术不断创新的结果。2017 年 5 月 5 日，我国首架具有完全自主知识产权的大型客机 C919 冲上云霄，成功完成首飞任务，圆了国人期盼半个世纪的“飞机梦”。

今天的中国已经是一个不折不扣的网络大国，网民规模已经超过 9 亿，电子商务、电子政务、社交媒体应用、大数据、人工智能各个领域的应用和创新，都取得了长足进步。下一步，我国构建了空、天、地一体化的信息网络，着眼于建设高轨道、低轨道卫星组网，建设服务于“一带一路”的一个空、天、地一体化的信息网络。

全国创新成果层出不穷。因为在创新崛起的背后，一直有着一种突破挑战、求真务实的民族创新精神在指引。“创新”已使中国焕发出“撬动”地球的力量。

（二）改革创新是时代精神的内涵

历史车轮不断向前，正是因为有了吸收和舍弃，才有了新事物。工业大革命时，人们不局限于仅用手工劳作，才去发明机器；不局限于仅在地上行走，才去研制飞机；不局限于仅用煤作为能源，才去探索电力的奥秘……如今，人类已可以遨游太空，而无数科学家却仍在努力地探索着，在研究、发现新的、更科学的规律；让人类社会不断向前发展。我们不能淹没在历史中，但也不能忘记，那仅仅是古人的业绩。君不见“青，取之于蓝，而胜于蓝”，只有师古而不泥于古，推陈出新，才有存在和发展的可能。

生活需要创新，社会需要创新，国家和民族需要创新。没有创新就没有丰富多彩的物质世界。我们要在创新中求生存，求发展。其实很多问题的答案本是丰富多彩的，若是只能得出一种答案，那么我们就要从主观方面看看是不是思想僵化，是不是被框框所局限。改革创新是时代精神的内涵，只有这样，我们才能在前进道路上迈出坚实的步伐。

（三）工匠精神与创新精神一脉相承

工匠精神的核心在于创新。听起来，创新和不断重复、精益求精的工匠作业似乎有矛盾。但烦琐复杂的工作是培育创新的土壤，追求完美是助推创新的动力。纵观历史，国内有鲁班、张衡，国外有富兰克林、爱迪生，他们都能够被称为“工匠”，但最终被后世铭记，不是因为他们日复一日、年复一年的打磨某个产品，而是他们不断提供创造力，通过创新给后世留下了宝贵的财富。现代的工匠精神，并非是简单的重复与坚守，而是改进与创新。

工匠精神固然是推动社会建设的一个重要的信仰，繁荣不息的世界离不开工匠精神孜孜不倦的建设和坚守，但是真正推动世界发展和进步的却是创新精神、创造精神。没有对创造的热爱，就没有对知识和真理的热爱。工匠的精神离开了创造的精神、创新的精神，它必然只是像一台简单编程的机器一样枯燥和乏味。工匠的精神就像一具壮硕的躯干，而创新的精神就像一副生机灵魂，两者结合才能将一个人的创造潜力真正发挥出来。所以说工匠精神不应该离开创新的精神。

【拓展阅读】

“大国工匠”胡双钱

胡双钱以他“精益求精，追求完美，打造极致”的工匠精神，在平凡的岗位上做出了不平凡的业绩，作为“手艺人”，36 年无差错。

胡双钱出生在上海一个工人家庭，从小就喜欢飞机。制造飞机在他心目中更是一件神圣的事，也是他从小藏在心底的梦想。

1980 年，技校毕业的他成为上海飞机制造厂（现上海飞机制造有限公司）的一名钳工。从此，伴随着中国飞机制造业发展的坎坎坷坷，他始终坚守在这个岗位上，发挥着一个“手艺人”的价值。航空工业要的就是精细活，大飞机的零件加工精度要求达到十分之一毫米级，胡双钱说：“有的孔径公差，相当于人的头发丝的三分之一。”工作中，无论零件是简单还是复杂，胡双钱都一视同仁，核对图纸、划线打磨、完成加工、交付产品，每个步骤他都反复检查数遍，直到“零瑕疵”。

正是因为这种追求完美的“工匠精神”，胡双钱曾连续 12 年被公司评为“质量信得过岗位”，36 年里产品 100%合格率，无一例返工单。划线是钳工作业最基础的步骤，稍有不慎就会导致“差之毫厘、谬以千里”结果。为此，胡双钱发明了“对比复查法”：他从最简单的涂淡金水开始，把它当成是零件的初次划线，根据图纸零件形状涂在零件上，“好比在一张纸上先用毛笔写一个字，然后用钢笔再在这张纸上同一个地方写同样一个字，这样就可以增加一次复查的机会，减少事故的发生。”胡双钱说。

胡双钱的手艺和职业道德，不仅在工作中得到了工友们的钦佩，同时也获得了各级政府部门的认可。工作 36 年来，胡双钱先后获得全国劳动模范、全国五一劳动奖章、上海市质量金奖等，更在 2015 年，被授予全国敬业奉献模范称号。

现在，胡双钱主要负责 ARJ21-700 飞机项目的零件生产、C919 大型客机项目技术攻关，并承担青年员工的培养工作。“我常常鼓励青年安心型号研制，工作中做到严格按照零件‘标准加工方法’加工零件，不多步骤、不漏程序，始终带着感恩、责任和思考做工作。”

——资料来源：上海政务网 2019-10-02

第三节　新时代劳动教育中的大学生

一、新时代大学生要锐意进取、奋斗前行

历史充分证明了，中国人民不仅善于打破一个旧世界，而且善于建设一个新世界。一切伟大的创举和奇迹都源于梦想，一切辉煌的成就和事业都源于执着。成功贵在持之以恒、锐意进取。潮起宜踏浪，风正可扬帆。这是一个最好的时代，一个书写芳华的时代，一个崭新的时代，让我们在这个美好的新时代，牢记使命，锐意进取、大胆创新，以永不懈怠的精神状态和一往无前的奋斗姿态，凝心聚力，在新时代的征途中，创造出无愧于时代，无愧于青春的辉煌事业。

只有与时俱进、开拓创新、顺应时代、不断创造，我们的事业才能更加兴旺发达，我们才能到达理想的彼岸。开拓、创新、前进是时代的最强音，社会主义国家的前程需要千千万万伟大事业的接班人前赴后继、奋斗不已。我们只有不断学习，努力进取。

乘风破浪会有时，直挂云帆济沧海。我们要继承和发扬老一辈谦虚谨慎、不骄不躁、艰苦奋斗的优良作风，始终保持奋发有为的进取精神，永葆青年大学生的先进性，以“赶考”的清醒和坚定答好新时代的答卷。

二、弘扬新时代工匠精神

大学生热爱劳动体现在工作中主要为以下三种精神。

（一）务实勤劳的实干精神

务实即讲究实际、实事求是、埋头苦干、不求浮华；勤劳即努力劳动、不怕辛苦。勤劳务实的工作作风取决于人的世界观、人生观和价值观，决定着一个人自身修养的高度。

要想做到勤劳务实，首先，要在勤劳上下功夫。工作时要勤思索、勤动手、勤动脚，以认真负责的态度、实事求是的精神、科学严谨的方法开展工作。其次，要在务实上求突破。在工作中要戒骄戒躁，把心思放在如何落实工作上，发扬兢兢业业、踏实苦干的实干精神。

【拓展阅读】

职业院校学生为国夺金，中国队再揽世界技能大赛团体第一

2019年8月27日晚，历经多日角逐的第45届世界技能大赛在俄罗斯喀山落下帷幕。中国代表团选手在大赛中表现优异，斩获35枚奖牌，其中金牌16枚、银牌14枚、铜牌5枚，同时还获得优胜奖17枚，一举拿下金牌第一、奖牌第一、团体总分第一，继第44届世界技能大赛之后再一次荣膺全球之首。

从获奖选手来看，获得金牌的16个项目的20名参赛选手中，来自职业院校的学生13名、教师5名，企业一线职工2名；获得银牌的14个项目的16名选手中，来自职业院校的学生6名、教师4名，企业一线职工4名，另有来自上海交大的大学生2名；获得铜牌的5个项目中的5名选手，自来职业院校学生4名、教师1名。总体看，全部获奖摘牌项目的41名选手中，来自职业院校的学生共23名，占比56%；其中职业院校13名摘金选手占到所有中国摘金选手的65%，成为当之无愧的国家队夺金主力军。

在人们的心目中，尤其是家长和学生本人，认为接受职业教育似乎就低人一等。在第45届世界技能大赛上，中国队的23名学生用实际行动证明，只要用心用力用功，职业院校同样也能育出栋梁之材。

对一个国家、一个民族，需要的不仅仅是高端科研人员，更离不开高端技能人才。缺少了后者，再尖端的科学技术，也难以演变为真正的科技实力。所以，大国工匠也是高端人才，是促进综合国力发展的关键人才。

——资料来源：金融信息网 2019-09-01

（二）锐意进取的奋斗精神

锐意进取即意志坚决地追求上进，力图有所作为。锐意进取的奋斗精神是有所成就的根本。它要求在工作中不好高骛远、眼高手低，而是脚踏实地，把奋斗精神融于岗位、融于日常，时刻保持昂扬向上的进击姿态，因时而动、随事而制，不断超越自我。保持锐意进取、永不懈怠的精神状态，是我们不断从胜利走向新的胜利的重要法

宝。精神状态决定事业成败。良好的精神状态，是做好一切工作的重要前提，是战胜困难、成就事业不可缺少的重要因素。

（三）追求卓越的创新精神

创新是当代中国最鲜明的特征。创新精神是一个国家和民族发展的不竭动力，也是一个现代人应该具备的素质。一个没有创新意识的人，要么整天忙于事务，要么浑浑噩噩，是难以在工作上做出亮点的。因此，我们要在日常工作中融汇创新精神，想问题要有超前意识，不能人云亦云；制定的个人工作计划要有新颖性，要有自己的特点特色，不能照葫芦画瓢；要不断学习新知识，掌握新方法，应用新设备、新载体，创造出日常工作的新效果、新途径、新局面。

【实践活动】

弘扬、传承“铁人精神”

一、活动宗旨

以弘扬、传承“大庆精神”“铁人精神”为主要内容，以共青团组织为主导，以建立体现创新精神要求的青年理论学习研究新载体、新机制为目标，充分发挥大学生理论学习社团的积极作用。通过导师指导、个体研究、小组研究、集体探讨等形式，引导青年学生综合运用社会调查、体验学习、问题讨论、资料查阅等方法，对“大庆精神”“铁人精神”进行理论研究和探索，并形成具有实践指导意义的研究成果。

二、活动目标

使青年学生获得亲身参与“大庆精神”“铁人精神”研究探索的体验，坚定马克思主义的理想信念，培养他们对社会的责任感和使命感，做社会建设和发展的合格接班人。

三、活动过程

（1）挖掘身边的“铁人”，着力形成见贤思齐、崇尚英雄的良好风气。

（2）广泛开展“寻找身边的铁人”和“学铁人、忆铁人、做铁人”活动，培育和挖掘一批“铁人式”青年大学生。

（3）参观“铁人”博物馆，组织学生到铁人故乡感受“铁人”文化。

【实践活动】

“工匠精神之我见”主题演讲比赛

现代科技时代，“工匠”似乎正离我们远去。但是，要实现中华民族伟大复兴的中国梦，不仅需要大批科学技术专家，同时也需要千千万万的能工巧匠。更为重要的是，“工匠精神”作为一种优秀的职业道德文化，它的传承和发展契合了时代发展的需要，具有重要的时代价值与广泛的社会意义。

请围绕“工匠精神”展开一场主题演讲比赛。

【过程记录】

资料查找途径：____

____

____

____

演讲稿框架：____

____

____

____

心得体会：____

____

____

第五章

新时代校园劳动，共建和谐校园

新时代高校劳动教育应该真正实现与“德智体美‘四育’”并举，以端正劳动价值观、培育劳动技能、养成劳动习惯、加强劳动实践锻炼为主要内容，挖掘内在价值与外在价值，实现两个价值的统一。实施劳动教育的重点是在系统的文化知识学习之外，开展校园劳动必修课，有目的、有计划地组织学生参加日常生活劳动、生产劳动和服务性劳动，充分发挥劳动的育人功能。

【教学目标】

1. 知识目标

（1）理解“低碳生活”的内涵，掌握绿化环保行动的要点。

（2）明白校园环境维护的意义，掌握共建无烟校园和维护校园环境秩序的方法。

（3）知晓垃圾分类的意义、标准以及校园垃圾分类的推进策略。

（4）了解“三下乡”活动和假期实习活动的内涵、意义。

2. 素质目标

（1）在校园生活中做好绿色环保的践行者、垃圾分类的倡导者、校园禁烟的推动者和公共区域环境的维护者。

（2）从我做起，从小事做起，养成劳动习惯。

（3）积极参加志愿服务和“三下乡”活动，接触社会、了解国情、学以致用。

【案例导入】

劳动必修课与免费劳动力

2019 年 9 月开始，某高校 2019 级新生都面临一堂特殊的课程——劳动必修课，内容涉及打扫校园卫生、门岗执勤、学校食堂餐盘清理、校园绿化维护等，劳动教育直接与学分学时挂钩，每学期上满 24 学时，才能获得 2 个学分。

有人质疑，这是把学生当成免费劳动力？对此，学校解释说，这是学校人才培养教育的内容之一，旨在培养学生劳动意识。为此，学校不仅没有减少开支、减少后勤人员，还拨付专用资金购买服装、劳动工具，安排专门辅导老师指导课程。对于劳动教育课程，同学们是如何看待的呢?为此，成都商报-红星新闻记者在校园中随机采访了 9 名同学，其中 6 名正在参与劳动课程，3 名同学已经结束了课程，他们对学校将劳动教育课程纳入学分考核都表示赞同。

对此，专家们的看法不尽相同。赞同者认为，劳动课程可以帮助学生树立规则意识；反对者则提出，劳动课程应该根据专业所需去进行设置。

【想一想】

（1）你如何看待该校的劳动必修课？为什么？

（2）劳动必修课的出发点是什么？你希望从中收获什么？

第一节　保护环境，做绿化环保践行者

生态环境保护是功在当代、利在千秋的事业。生态环境没有替代品，用之不觉，失之难存。我们要争做绿化环保的践行者，应像保护眼睛一样保护生态环境，像对待生命一样对待生态环境，让自然生态美景永驻人间。

一、绿化环保行动

（一）在价值观上，树立尊重、顺应、保护自然的理念

人与自然的平等作为生态文明的核心思想，为我国的生态文明建设提供了最基本的价值遵循，尊重自然、顺应自然、保护自然的理念必须深入人心。尊重自然，是人与自然相处时应秉持的首要态度，就是要求人对自然怀有敬畏之心。

尊重自然界的创造和存在，深刻认识人与自然之间的平等关系，绝不能凌驾于自然之上。

顺应自然，是人与自然相处时应遵循的基本原则，要求人顺应自然界的客观规律，按照自然规律的要求办事，绝不能只顾当前利益而违背了自然界本身的内在规律。

保护自然，是人与自然相处时应承担的重要责任，要求人发挥主观能动性，在向自然界索取生存发展之需的同时，呵护自然、回报自然、保护自然界的生态系统，构建人与自然的生命共同体，防止出现“生态赤字”或人为造成的不可逆的生态灾难。

（二）在生活方式上，倡导绿色的生活消费方式

健康的生活方式涉及吃穿住行等各个方面。从出行方式来说，汽车的广泛使用除了生活生产的便利和快捷之外，还带来交通堵塞问题外，更严重的是尾气排放对空气带来的污染，部分废气长时间存在于空气中，将会使自然环境遭受严重破坏，对人的身体健康也有一定程度的损害。随着人们环保意识的日渐提高，不少人已经改变了自己的出行方式，共享单车、公共汽车逐渐在各个城市普及，人们在消费行为上也更加重视绿色、健康。从吃的方面来说，现在，在不少大餐厅、食堂的收餐处，都张贴着“谁知盘中餐，粒粒皆辛苦”等标语，呼吁和倡导节约粮食，以各种方式支持“光盘行动”。应该在社会生活的各个方面倡导一种健康文明的理念，倡导绿色消费，实现绿色发展。

【拓展阅读】

世界环境日

1972 年 6 月 5～16 日，第一次联合国人类环境会议在瑞典首都斯德哥尔摩举行。这是人类历史上第一次在全世界范围内研究保护人类环境的会议。出席会议的 113 个国家和地区的 1300 名代表建议将大会开幕日定为“世界环境日”。

这次会议提出了响遍世界的环境保护口号：只有一个地球！会议经过 12 天的讨论交流后，形成并公布了著名的《联合国人类环境会议宣言》（Declaration of United Nations Conference on Human Environment，以下简称《人类环境宣言》）和具有 109 条建议的保护全球环境的“行动计划”，呼吁各国政府和人民为维护和改善人类环境，造福全体人民，造福子孙后代而共同努力。《人类环境宣言》提出 7 个共同观点和 26 项共同原则，引导和鼓励全世界人民保护和改善人类环境。《人类环境宣言》规定了人类对环境的权利和义务；呼吁“为了这一代和将来世世代代而保护和改善环境，已经成为人类一个紧迫的目标”；“这个目标将同争取和平和全世界的经济与社会发展这两个既定的基本目标共同和协调地实现”，“各国政府和人民为维护和改善人类环境，造福全体人民和后代而努力”。会议建议将这次大会的开幕日作为“世界环境日”。世界环境日的意义在于，提醒全世界注意地球状况和人类活动对环境的危害，要求联合国系统和各国政府在这一天开展各种活动来强调保护和改善人类环境的重要性。

世界环境日历年创意活动：

（1）巨大的水龙头——2005 年 6 月 5 日，在巴西里约热内卢的巨型耶稣雕像前，世界自然保护基金会成员竖起一个巨型水龙头模型，以纪念第 34 个世界环境日。

（2）尚德高海拔阳光行动——2009 年世界环境日，在青海考察的尚德公司的董事长施正荣特意致电珠穆朗玛峰山麓西藏巴松完小扎西校长，关心该校师生的工作、学习和住宿情况。扎西校长向施正荣反映，尚德赞助的 2.5 千瓦的光伏电站为学校师生带来了光明。学校经过扩建，要保证 300 多名师生学习、生活用电，将出现较大的电力短缺。施正荣表示，尚德将继续支援高海拔地区绿色电力。施正荣董事长还在同一天致电西藏定日中学校长次平，表示继续支持改善高海拔地区孩子们的成长环境，在该校长期设立尚德绿色奖学金。尚德公司为世界高海拔地区赠送光伏产品，赞助世界最高海拔小学巴松完小，世界最高海拔中学定日中学、世界最高海拔村庄堆村，为高海拔地区带来了绿色光明。

（3）发布公益短片——联合国在2014年世界环境日首次在线发布公益动画短片《绿》，旨在环境日之际引发公众对绿色消费的思考。

二、爱护环境，倡导低碳生活

低碳是提倡借助低能量、低消耗、低开支的生活方式，把消耗的能量降到最低，从而减少二氧化碳的排放，保护地球环境，保证人类在地球上长期舒适安逸的生活和发展。低碳生活可以理解为：减少二氧化碳的排放，低能量、低消耗、低开支的生活方式。如今，低碳风潮逐渐在我国兴起，潜移默化地改变着人们的生活。低碳生活代表着更健康、更自然、更安全，返璞归真地去进行人与自然的活动。当今社会，人类生活水平提高，物质条件改善，也对人类周围环境带来了影响与改变。对于普通人来说，低碳是一种生活态度，是一种生活方式，同时更是一种可持续发展的环保责任。

低碳对于普通人来说也是推进潮流的新方式，它提出了一个“愿不愿意和大家共同创造低碳生活”的问题。我们应该积极提倡并去实践低碳生活，要注意节电、节气……从这些点滴做起。在不降低生活质量的情况下，尽所能地节能减排。

低碳生活，节能环保，有利于减缓全球气候变暖和环境恶化的速度。减少二氧化碳排放，选择“低碳生活”，是每位公民应尽的责任，也是每位公民应尽的义务。低碳生活是一种经济、健康、幸福的生活方式，它不会降低人们的幸福指数，相反会使生活更加幸福。

【探索思考】

谈谈你对环境保护的认识。

______

______

______

______

______

【知识链接】

什么是温室效应与全球变暖？

“温室效应”（Greenhouse Effect）与“全球变暖”（Global Warming）的含义听起来似乎相同，实际上却有很大的不同。温室效应是一个中性词，指的是大气层中时刻存在的一种自然现象，而全球变暖则是指一种有可能避免的大气环境问题，是一种生态或气候破坏。

温室效应

温室效应，又称“花房效应”，是大气保温效应的俗称。温室效应形成的原理非常简单，其作用类似于栽培农作物的温室。从太阳输送到地球的能量中，大约有 1/3 的能量经过云层和地球表面被反射回太空中。其余的被土地和海洋吸收，然后以红外射线的形式放射出来，这些再被大气中的污染气体（微量气体）吸收，反过来向上释放红外线，向下则释放到地球的表面。正是这种不断跳跃的能量被称为温室效应。它对地球上的生命至关重要，没有它，赤道的平均气温将会是-10℃。

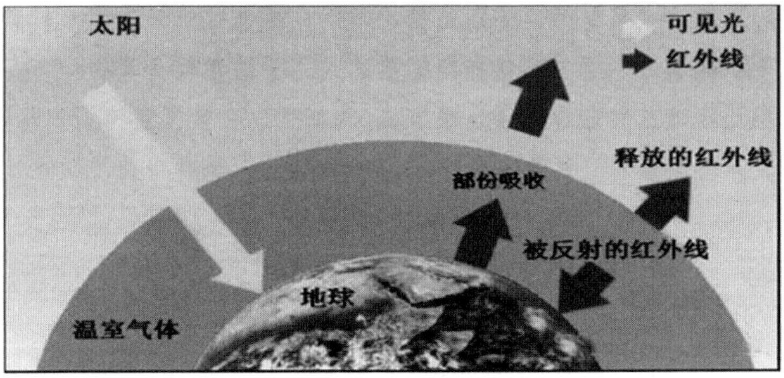

温室效应示意图

太阳辐射主要是短波辐射，如可见光；而地面辐射和大气辐射则是长波辐射，如红外线。大气对长波辐射的吸收力较强，对短波辐射的吸收力较弱。大气层就像所覆盖玻璃的温室一样，保存了一定热量，使得地球不至于像没有大气层的月球一样，被太阳照射时温度急剧升高，不受太阳照射时温度急剧下降。

全球变暖

全球变暖是由于大气层中二氧化碳等温室气体急剧增加，大量吸收地面红外线长波辐射，进而使温室效应增强造成的。二氧化碳等温室气体大量增加的主要原因是，其一，人们为了获取能量，大量燃烧化石燃料（煤、石油、天然气等）排放大量温室气体；其二，滥伐森林并燃烧，使森林吸收二氧化碳的能力减弱。由于这些温室气体对来自太阳辐射的可见光具有高度的透过性，而对地球反射出来的长波辐射具有高度的吸收性，大量的温室气体排放使得保留的能量增加，因而导致了全球气候变暖。

政府间气候变化问题小组 IPCC 指出，有充分的证据显示，人类的活动导致了所谓“温室气体”在大气层的累积，这使得全球气温逐步上升。

全球变暖其实可以视为气候变化的一种大趋势。人类活动造成了全球变暖，全球变暖又会对人类或整个地球产生什么样的影响？温室气体有哪些，它们有什么区别？目前全球温室气体排放量与过去有什么变化？大气中二氧化碳浓度有何变化，以及温室气体如何循环？面对全球气候变暖及其带来的影响，人类该怎么办？有哪些气候政策、机制可以采用？其作用机理如何？这些可能都是人类需要努力和认真回答的问题。

作为大学生的我们，应该如何为实现低碳生活做出自己的贡献呢？

（1）我们应该把低碳生活的意识树立在脑海中，认识到低碳生活的必要性和紧迫感，把低碳生活的概念植入心中。

（2）我们应该从生活中的每一件小事做起，认真落实低碳生活。如节约用电、节约用水、节约用纸、多乘坐公共交通工具、不用一次性碗筷、不用塑料袋、废旧物品创意利用、爱护树木、不用的衣物捐给需要的人、不浪费粮食等。

（3）我们还应该主动宣传低碳生活方式，例如可以在校园宣传窗内粘贴相关内容，向亲人、朋友宣传温室效应带来的严重危害，在校园内举办相关活动等。

【实践活动】

大学生科技创新助力节能减排

大学生是节能减排、实行低碳生活的践行者。大学生开展节能减排的科技创新，通过把日常节能减排方面的知识应用到实际生活中，发现问题并通过科技创新更好地解决问题，发明一些节能减排小工具，积极参加节能减排社会实践与科技竞赛。我们可以怎么做？

____

____

____

第二节　打造无烟校园，创建美好校园

一、呵护我们的“家”

众所周知，学校是有组织、有计划地进行教育的机构。但同时，校园还是一个独立的生态系统，它有着自己的结构和功能。

（一）物质环境

校园物质环境主要是指校园内经过人们组织、改造而形成的校容、校貌和校园学习环境，具体指校容、校貌、自然物、建筑物及各种设施等。这种物质环境是一种环境文化，能使学生不知不觉、自然而然地受到熏陶、暗示、感染。

干净、整洁的校园物质环境能加强学校各种物质所体现的个性和精神，加深这种“无声胜有声”的教育作用。

（二）精神环境

校园精神环境是校园的灵魂，是学校师生认同的价值观和个性的反映，是一种潜在的教育力，具体体现在师生的精神面貌、校风、学风、校园精神、学校形象等方面。从学生个体角度看，精神环境又是心理环境。良好的心理环境会使人的精神愉快，具有催人奋发向上、积极进取、开拓创新的教育力量。

二、打造无烟校园

20 世纪 50 年代，科学研究证明了吸烟有害健康，世界各国纷纷开始了禁烟运动。烟草燃烧所产生的烟雾是由 7000 多种化合物所组成的复杂混合物，其中气体占 95%，如一氧化碳、氢化氰、挥发性亚硝胺等；颗粒物占 5%，包括半挥发物及非挥发物，如烟焦油、尼古丁等。这些化合物绝大多数对人体有害，其中至少有 69 种为已知的致癌物，如多环芳烃、亚硝胺等，而尼古丁是引起成瘾的物质。所以我们常说：“吸烟有害健康”。长期以来，中国为了减少烟民数量、降低吸烟对社会的危害做出了很多努力。除了广为人知的肺癌风险外，吸烟还可能导致糖尿病、肝癌、结肠癌等多种疾病。控制烟草危害是一个具有长期性、艰巨性和复杂性的公共卫生问题。

为引起国际社会对烟草危害人类健康问题的重视，世界卫生组织将每年的 5 月 31 日定为“世界无烟日”。

据统计，2019 年，中国的烟民数量已达 3.5 亿，“吸烟有害健康”“吸烟是健康头号杀手”等口号提了多年，但吸烟人数未见显著减少；“全国多地立法控烟”等举措实施多年，但控烟成效依旧不容乐观。据世界卫生组织统计，全球大部分烟民都在 18 岁之前开始吸烟，其中部分烟民甚至在 10 岁之前就开始吸烟。

吸烟的危害非常大。吸烟会减少寿命、影响睡眠质量、影响生育功能、增加流产危险、导致骨质疏松、致癌等。烟草的危害大致分 10 级：①污染环境；②气味难闻；③焦油致牙齿黑黄；④尼古丁上瘾；⑤睡眠质量下降；⑥免疫力下降；⑦影响生育能力；⑧多个器官病变；⑨亚硝胺致癌；⑩死亡。其中④～⑩在严重时会导致猝死。

那么大学生应该如何预防烟的危害，共建无烟校园呢？

（1）管好自己的口，做到不抽烟。为了自己的生命健康，共建无烟校园，同享“无烟青春”，也为了保护环境，应该有信心和能力约束自己。

（2）多了解有关吸烟危害的知识，增强自制力，自觉抵制诱惑。

（3）养成良好的习惯，早睡早起不熬夜，保持身体的健康状态。

（4）交友谨慎，远离那些有不良嗜好的朋友，选择一个良好的交友圈。

（5）积极参加控烟健康宣传活动，宣传校园禁烟行动，增强自身的控烟意识，约束吸烟行为。

【拓展阅读】

2010 年，教育部办公厅、卫生部办公厅联合发布《关于进一步加强学校控烟工作的意见》，旨在使青少年远离烟草危害。

烟草的危害主要来源于烟雾中的化学成分。目前吸烟已经成为严重影响公众健康的全球性公共卫生问题之一。据统计，2019 年，中国吸烟人数达 3.5 亿，遭受被动吸烟危害的人数高达 5.4 亿，其中 15 岁以下儿童有 1.8 亿，每年约有 100 万人死于吸烟导致的疾病。

各级各类学校应将控烟宣传教育纳入学校健康教育计划，通过课堂教学、讲座、班会、知识竞赛、板报等多种形式，向师生传授烟草危害、不尝试吸烟、劝阻他人吸烟、拒绝吸二手烟等控烟核心知识和技能。

校园控烟要发挥教师的表率作用。教师在学校的禁烟活动中应以身作则、带头不吸烟，吸烟者尽早戒烟，通过自身的戒烟，教育、带动学生自觉抵制烟草的诱惑。学校应积极倡导和帮助吸烟的教职员工戒烟。

控烟宣传画

同时，要建立健全控烟制度。中等职业学校和中小学校及托幼机构，室内及校园应全面禁烟；高等学校教学区、办公区、图书馆等场所室内应全面禁烟。各级各类学校校园内主要区域应设置醒目的禁烟标志，校园内不得张贴或设置烟草广告或变相烟草广告并禁止出售烟草制品。

三、构建和谐校园，创建文明校园

（一）创建文明校园的内涵

1. 基本原则

坚持价值引领，把培育和践行社会主义核心价值观贯穿于创建活动全过程；坚持贴近师生，使每一名师生都成为创建活动的实践者和受益者；坚持注重实效，引导创建活动稳步推进、普遍开展，力戒形式主义；坚持广泛参与，把创建活动延伸到班级、宿舍和每个师生员工，夯实校园文明根基，把学校建成培养中国特色社会主义建设者和接班人的坚强阵地。

2. 总体目标

通过文明校园创建活动，健全工作机制，提高师生公民道德、职业道德、文明修养和民主法治观念；提高校园文化生活质量，使校园文化内容健康、格调高雅、丰富多彩；提高校园文明程度，使校园秩序良好、环境优美，育人环境进一步改善。实现高校、中小学文明校园创建活动 100%覆盖，使文明校园创建工作成为精神文明建设的响亮品牌。

（二）积极创建文明校园

创建文明校园。为维护良好的校园秩序，营造一个文明、整洁、健康、高雅的校园环境，建设平安校园、和谐校园，师生应遵循以下校园文明行为规范。

（1）着装整洁得体，仪容端庄。

（2）行为举止高雅，谈吐文明。

（3）爱护学校花草树木，节约用水。

（4）乘坐电梯遵守秩序，先下后上，相互礼让。

（5）遵守学校环境卫生的有关规定，保持学校环境卫生，不随地吐痰、不乱扔杂物。

（6）文明如厕，保持卫生间清洁，爱护其设施。

（7）上课时遵守课堂纪律，候课时不得在楼道内大声喧哗。

（8）爱护教室设施，合理使用教学设备，保持干净整洁的教学环境。

（9）汽车、电动车、自行车停车入位，摆放有序。

（10）严禁在教学楼内的教室、办公室、楼道楼梯、卫生间及其他公共场所吸烟。

（11）观看教学展演展示、视听公共课讲座、参加会议等活动时，主动服从现场管理，遵守秩序，爱护礼堂、会议室等设施。

（12）进行教学和汇报演出活动时，要合理使用场地及设施设备，降低环境噪音分贝，防止影响学校周围单位及居民正常工作和生活。

（13）自觉遵守学校的各项规章制度，尊师爱生、团结和睦、教学相长，共同营造绿色健康的学习氛围和积极向上的工作环境。

（14）参加学校在本市组织的和赴外省市教学汇报演出、比赛，游学活动时，保障安全、遵守纪律；尊重当地风俗习惯、文化传统；爱护文物古迹、风景名胜、旅游设施。

（15）如遇突发事件时，应当服从学校统一指挥，配合应急处置。

（16）遵守网络信息管理的法律法规和有关规定，维护微信群安全和秩序，自觉抵制不良信息，不传播网络谣言。

（17）各系院、处室，校、系学员委员会，班委会，学员社团组织各负其责，形成共建、共管、共享的长效机制。

（18）充分利用校报、LED 屏和各系板报等媒体，宣传文明行为，传播文明理念，营造全校促进文明行为的氛围。

（19）在开展校园精神文明建设中，学校应对在文明行为促进工作做出特殊贡献的师生员工，给予表彰和奖励；对在校内发生的各种不文明行为，学校进行批评、劝告，对情节严重者给予严肃处理。

四、巧手慧心寄情于“寝”，积极创建文明寝室

（一）文明寝室建设要求

寝室是学生学习、生活、休息的重要场所，寝室文明环境建设直接体现学生精神面貌和个人素质，直接关系大家的身心健康。学生应将维护整洁文明寝室环境内化为自觉追求，外化为自觉行动，达到以下要求。

（1）文明寝室的环境总体应达到“六净”“六无”“六整齐”的目标。

“六净”：地面干净、墙面干净、门窗干净、玻璃干净、桌椅橱干净、其他物品整洁干净。

“六无”：无杂物、无烟蒂、无乱挂、无蛛网、无酒瓶、无异味。

“六整齐”：桌椅摆放整齐，被褥折叠整齐，毛巾挂放整齐，书籍叠放整齐，鞋子摆放整齐，用具置放整齐。

（2）每天应自觉做到“六个一”、自觉遵守“六个不”，维护寝室良好生活环境。

“六个一”：叠一叠被子、扫一扫地面、擦一擦台面、整一整柜子、理一理书架、倒一倒垃圾。

“六个不”：异性宿舍不进出，外人来访不留宿，危险物品不能留，违规电器不使用，公共设施不损坏，果皮纸屑不乱扔。

（3）在宿舍应杜绝不文明行为，不养宠物、不在宿舍楼内抽烟、不在门口丢放垃圾、不乱用公用电吹风等。

（二）特色寝室建设标准

特色寝室宣扬的是一种文化，是一种相互影响、彼此照应、和谐共进的良好氛围，对学生文化修养、综合素质等各方面的提高有着很大的促进作用。

（1）室名设计：各寝室都须根据本寝室特点取一个寝室名。寝室名可以设计为“听雨轩”“雪雅居”等言简意赅之名，或“击楫阁”等引自诗词蕴涵哲理之名，或“知行屋”“修身堂”等用以自勉、催人奋进之名。

（2）寝室风格设计：各寝室须确定自己寝室的风格，如文雅、温馨、活泼等。形象设计可通过装饰地面、墙壁、天花板来突显寝室风格，或悬挂健康向上的书画作品，或摆放富有特色的饰物，或利用照片、彩带等装饰。

（3）寝室 DIY：各寝室可以根据自己兴趣设计手工制品，如寝室小相册、十字绣小挂画、DIY 小物品等。

（三）寝室美化设计与创意

1. 美化原则

（1）简单大方：寝室面积不大，没有必要摆放过多物品装饰，否则会显得太杂乱。

（2）温馨舒适：寝室是放松休憩的地方，在美化时要考虑烘托一种温馨、舒适的氛围，让室内充满家的温暖气息。

（3）突出文化气息：寝室除了是放松休憩的地方，常常还会充当学习的场所，在美化时，要从色彩、风格上考虑这个因素，营造一个安静、适宜学习的空间。

2. 创意要点

（1）彰显寝室文化：每个寝室都有不同的文化，在美化时要充分考虑自己的寝室文化，做出别出心裁的美化设计。

（2）彰显低碳节约：低碳、绿色不仅是当下流行的概念，更应是我们践行的生活方式。在美化寝室时充分利用牛奶盒、饮料瓶、废纸箱等被忽略的生活垃圾和旧物，做成各种实用的日用品，不仅创意十足，变废为宝，更传递了一种绿色的生活态度（如下图）。

瓜子壳粘画

废弃饮料瓶变花瓶

（3）彰显个性：寝室是每一个住在这里的人的“家”，由多个小空间组成。在美化时，每个人在兼顾大风格统一的基础上，也要考虑自己的审美偏好和兴趣爱好，打造属于自己的“私密空间”，彰显自己的个性。

【经典案例】

浙财大男生寝室的“绿野仙踪”

寝室“绿野仙踪”

华丽的高尔夫草坪、精美的波斯地毯、大气的木质地板、温馨的暖黄色灯光……这些似乎不可能出现在寝室的装修，却齐聚在浙江财经大学的一个男生寝室中。

浙江财经大学成蹊苑 56 幢 219 寝室，驻扎着几位热爱生活的人。他们是来自工商管理学院 17 级工商 2 班的陈乐、汪亮、阳青云和朱晨康。

为使大学四年生活温馨而有爱，借着学校寝室美化大赛的契机，他们商量之后决定改造寝室，并为寝室取了一个别出心裁的名称——“绿野仙踪”。

“绿野仙踪”的装修创意来自陈乐，他综合考虑舒适及美观的因素后，将寝室风格定位在印尼风，并和室友们精心采购了墙纸、装饰画、地毯、窗帘等物件，使寝室装修协调而干净大方。秉持节省经费并保证质量的原则，所有物件都经由寝室成员精挑细选，他们利用空闲时间从淘宝选择物品，并对比价格质量等因素找到最合适的物资，并利用双休日去旧物市场选购旧物加以改造，物美而价廉。

寝室中最具特色的便是阳台上的高尔夫草坪，寝室成员为阳台的地板选择了青绿色的假草坪，柔软又漂亮，别具一格，这一“高尔夫球场”的设置令人耳目一新。在制作过程中为了节约成本，寝室成员从网上购买了原材料之后，所有的装修工作都亲自动手。考虑到阳台还需晾晒衣服，他们从网上购买了木板，组装成木架架在地板和草坪之间来排水。

他们还将浴室的帘布卷成球状，使白色的灯光转变为暖黄，不仅使寝室更有家的氛围，还节约了资金。“我对室内装修这方面很感兴趣，想好好装扮自己的寝室，让我们四年的大学生活过得安逸舒适。”陈乐说。

从前期的材料采办到后期的装修改造，寝室四人足足花了一个月，几乎把所有的空闲时间都花在美化寝室上。但看到美丽整洁的寝室，大家都觉得很值得。

寝室的建设离不开所有人的努力，初次装修寝室时成员们也遇到了不小的麻烦，墙纸不服帖、排水木架承重力度不够大等。他们花费两天查阅各类装修资料，观看装修视频，最终吸取他人经验，在寝室成员的共同努力之下，建成了他们未来四年的“家”。朱晨康感慨：“寝室美化是四个人的事情，并且干净的寝室实实在在能够让人心情舒畅，所以我们都努力为自己营造良好的生活环境。”

除却美好的寝室环境，“绿野仙踪”的氛围也十分融洽。陈乐天籁般的男高音、汪亮绝妙的拉丁舞，组成了“绿野仙踪”平日里精彩纷呈的表演，乐趣无穷。每隔一段日子，他们会在寝室里小做庆祝，摆上丰盛的夜宵，盘腿坐于木质地板上，倒不失为生活中的“小确幸”。寝室长汪亮说：“我们都认为大学四年是丰富充实自我的四年，所以我们要将生活过得有滋有味，让每一天意义非凡。这样志同道合的四个人聚在一个寝室，是一件非常幸运的事情。”

——资料来源：网易新闻 2018-01-03

【实践活动】

我劳动，我环保，我快乐

一、活动主题

我劳动，我环保，我快乐。

二、活动宗旨

通过主题活动，提高环保意识，并体验劳动生活、学习劳动技能、领悟劳动价值，维护校园环境秩序。

三、活动时间

2周。

四、活动主体

全班同学。

五、活动实施

（1）寻找校园中较为突出、亟待处理的污染问题。

全班同学自由组合成若干小组，确定组长。各组首先完成“污染现象”寻找活动，发现校园中有哪些污染源，完成拍照以及文字记录，在规定时间内完成小组汇总。

（2）班级确定问题。

通过全班讨论、民主协商，最后确定班级要解决的污染问题。

（3）针对已确定的污染问题寻找保护环境攻略。

小组共同探讨，研究出本小组的环保策略，做好相关记录。各小组在上课时进行汇报交流，并汇总形成班级的解决方案。

（4）完成实践活动，结合小组实际，具体落实好班级的解决方案。

拍摄记录小组的实践过程，特别要注意表现本次活动前后的环保效果差异，上传到班级网络平台。其中，效果特别好的作品，还可以通过自媒体向全社会传播。

（5）总结表彰。

评选本次活动中有突出表现的“环保卫士”“最美劳动者”，对其进行奖励。

第三节　垃圾分类，从你我做起

一、垃圾分类的宏观意义

（一）推动经济高质量发展的必然要求

以速度和数量取胜的我国产业在全球产业链、价值链中的分工地位总体上处在中低端，亟待打破“锁定”，实现产业链、价值链升级。与此同时，我国社会消费需求已经从满足数量型转向追求质量型，但供给结构仍然有重视量的扩张而忽视质的提高的倾向，一方面相当一部分中低端产能过剩，另一方面不少高品质消费需求得不到满足。垃圾是生产和消费的末端产物，粗放式、碎片化、被动式的垃圾管理，在一定程度上助长了“大量生产，大量消费，大量废弃”的消费品生产模式。而垃圾分类是对垃圾的精细化、全过程、主动式管理，会从末端对上游的生产和消费环节产生倒逼重整作用，促进相关法律、法规、制度、规范的逐步完善，引导绿色生产、绿色生活，实现产业结构优化和转型升级，从而促进经济高质量发展。

（二）全面改善环境质量的必然要求

我国生态环境保护处于压力叠加、负重前行的关键期、攻坚期、窗口期，需要不同部门、不同行业、不同区域通力协作，形成强大合力，共同促进生态环境保护工作顺利进行。过去我国生态环境保护成效不彰，其中一个主要原因就是片面强调某个环节、某类介质、某种形态的污染减排，而忽略了生态环境是一个有机的整体，污染控制是一个完整的链条，从而使污染物在不同处理环节、不同环境介质、不同存在形态之间循环往复式的迁移与转化。污染减排变成了“污染转移、延伸与扩散”。垃圾分类就是通过政府协调、部门协作、行业协同，对垃圾实行全生命周期无缝管理。对处理过程开展全链条优化设计，构建从清洁生产、源头减量，到产品循环使用、物质再生利用、产业生态链接，再到能量回收利用和少量残渣安全处置的“无废”系统，避免“铁路警察，各管一段”，或“头痛医头，脚痛医脚”。切实有效地节约原生资源，真正减少污染物产生与排放，保护人体健康和生态环境，对环境质量全面改善作实质性贡献。

（三）打造共建共治共享社会治理格局的必然要求

长期以来垃圾处理由政府及处理企业“唱独角戏”，被动满足不断“高速增长”的末端处理能力需求，而人民群众、社会组织、生产企业未能充分参与其中，对垃圾问题相对“无感”，认为垃圾处理与自无关，干好干坏都是政府的事，缺乏垃圾减量和分类的驱动力，也缺乏参与监督的正当性。只有人民群众、社会组织、生产企业充分参与到垃圾分类工作中，才能化“旁观者”为“建设者”，化“批评者”为“监督者”，进而提高垃圾处理系统效率和二次污染控制水平。建立政府与公众、企业与公众之间的互信，形成多元主体共建、共治、共享格局，才能为化解垃圾处理设施的“邻避效应”找到一把钥匙。垃圾分类是一项牵一发而动全身的社会治理工作，离不开政府、居民、企业、社会组织等多元主体的共同参与。只有多元主体共同参与垃圾分类，才能充分促进政府、居民、企业、社会组织等利益相关方自我及相互管理、服务、教育、监督，形成垃圾分类人人参与、人人尽责的良好局面，让人民群众有实实在在的获得感、幸福感、安全感。

二、垃圾分类标准

（一）可回收物

主要包括废纸、塑料、玻璃、金属和布料五大类。

（1）废纸：主要包括报纸、期刊、图书、各种包装纸等。但是，要注意纸巾和厕所用纸由于水溶性太强不可回收。

（2）塑料：各种塑料袋、塑料泡沫、塑料包装、一次性塑料餐盒餐具、硬塑料、塑料牙刷、塑料杯子、矿泉水瓶等。

（3）玻璃：主要包括各种玻璃瓶、碎玻璃片、镜子、暖瓶内胆等。

（4）金属物：主要包括易拉罐、罐头盒等。

（5）布料：主要包括废弃衣服、桌布、洗脸巾、书包、鞋等。

这些垃圾通过综合处理或回收利用，可以减少污染节省资源。如每回收 1 吨废纸可造好纸 0.85 吨，节省木材 0.3 吨，比等量生产减少污染 74%；每回收 1 吨塑料瓶可获得 0.7 吨二级原料；每回收 1 吨废钢铁可炼好钢 0.9 吨，比用矿石冶炼节约成本 47%，减少空气污染 75%，减少 97%的水污染和固体废物。

（二）厨余垃圾

厨余垃圾包括剩菜剩饭、骨头、菜根菜叶、果皮等食品类废物，经生物技术就地处理堆肥，每吨可生产 0.6～0.7 吨有机肥料。家里用剩的废弃食用油，也归类在厨余垃圾。

（1）果壳瓜皮：在垃圾分类中，“果壳瓜皮”的标识就是花生壳，属于厨余垃圾。玉米核、坚果壳、果核、鸡骨等是厨余垃圾。

（2）残枝落叶：属于厨余垃圾，包括家里开败的鲜花等。

（三）其他垃圾

其他垃圾主要包括砖瓦陶瓷、渣土、卫生间废纸、纸巾等难以回收的废弃物及尘土、食品袋（盒）。采取卫生填埋可有效减少对地下水、地表水、土壤及空气的污染。

（1）大棒骨：因为其“难腐蚀”被列入其他垃圾。

（2）卫生间废纸：厕纸、卫生纸遇水即溶，不算可回收的“纸张”，类似的还有烟盒等。

（3）厨余垃圾装袋：常用的塑料袋，即使是可以降解的也远比厨余垃圾更难腐蚀。此外塑料袋本身是可回收垃圾。正确做法应该是，将厨余垃圾倒入垃圾桶，塑料袋另扔进可回收垃圾桶。

（4）尘土：在垃圾分类中，尘土属于其他垃圾。

（四）有害垃圾

有害垃圾指含有对人体健康有害的重金属、有毒的物质或者对环境造成现实危害或者潜在危害的废弃物，包括电池、荧光灯管、灯泡、水银温度计、油漆桶、部分家电、过期药品、过期化妆品等。这些垃圾一般会单独回收或填埋处理。

【拓展阅读】

垃圾分类顺口溜（一）

垃圾分类就是好，蓝红黄绿干湿分。
蓝色回收又能卖，红色有毒又有害。
绿色剩菜瓜果皮，黄灰桶里放其他。
人人一定要记下，美化环境靠大家。

垃圾分类顺口溜（二）

垃圾分类很重要，源头减量不可少。
生活垃圾不分类，家庭教育没品位。
分好垃圾并不难，提升素质把你赞。
每天用好专用袋，厨余垃圾往里塞。
单独存放是有害，红色对号别瞎摆。
回收你就拿去卖，不卖蓝桶等你来。
排除以上归其他，培养习惯才畅快。
垃圾从来不是害，转化利用人人爱。
美好生活天天在，变废为宝新时代。
家里家外齐努力，我们出彩有意义。

三、校园垃圾分类的意义与推进策略

校园本身是一个小型社会，校园每日产生的垃圾数量巨大，因此如何处理这些垃圾成为校园管理部门以及全体师生亟待解决的大问题。

（一）校园垃圾分类的意义

减少环境污染。校园垃圾中常常存在大量有害有毒的物质，将垃圾分类回收利用后，可以根据垃圾的种类采取相应处理措施。垃圾分类处理后，可以提高无害化处理效果，成功避免垃圾混合导致的交叉污染，避免滋生蚊蝇，避免垃圾运收的二次污染，从而较大程度减少对环境的污染。

提高师生的环保意识。校园垃圾分类回收利用需要全体师生的共同参与，师生在积极参与争创优美校园环境过程中，环保意识逐步得到提高，参与校园环境建设的责任感也明显增强。

有利于变废为宝。校园垃圾不分类处理不仅污染环境，而且还会浪费资源实现垃圾分类回收利用有助于造福自然和人类，主要是因为校园中常常包含大量的废纸、废金属、废塑料等，这些均有巨大的回收价值。如果这些废物能够得到回收利用，将减少对自然资源的索取，实现保护自然资源的目的。

（二）校园垃圾分类的推进策略

增强宣传力度。校园应该充分利用校园网站、广播电台、宣传栏等积极宣传校园垃圾分类回收利用的意义，向全体师生普及垃圾分类不当的危害，普及垃圾分类的基础知识。为了增强教育效果，学校可以定期邀请环保方面的专家前来开展讲座，以便让学生了解当前我国垃圾分类回收利用现状，学习国外发达国家垃圾分类回收利用的先进经验。除此之外，学校还可以组织学生开展志愿者活动，组织学生会开展“校园垃圾分类回收利用知识宣传月”等专题教育活动，以增强教育效果。

加大垃圾回收的设施投入。将垃圾分类回收利用纳入学校重点工作范畴内，并将相应任务落实到具体的主管部门上，由其负责具体落实。主管部门可以结合校园现状制定校园垃圾分类回收利用的进度计划，加大校园垃圾分类回收利用的设施投入。

健全管理机制。为了确保校园垃圾分类回收利用工作得以长期顺利、有效开展，学校还应该针对该项工作建立相应的校园垃圾分类管理部门。该部门的主要职责是负责全校垃圾的分类回收利用，并编写和印发相关的垃圾分类指南与要求。学校还应该建立垃圾回收物流的发展策略，以校规的形式针对垃圾分类的学生给予一定的奖励，相反针对那些不按垃圾种类投放的学生要给予相应处罚，必要时还可以将奖励措施同“文明寝室评比”“三好学生评定”等有机结合起来。除此之外，学校还应该加强同垃圾回收企业的联系，彼此形成长期合作关系，出售的垃圾废品获得收入可以作为学校环境保护发展基金，将其用于校园环境改造中。

【拓展阅读】

国内不同地区的垃圾分类政策

北　京

从2020年5月1日开始，北京市正式实施新修订的《北京市生活垃圾管理条例》（以下简称《条例》）。为做好《条例》的落地实施，北京市城管执法局进一步建立健全生活垃圾分类日常执法检查机制，在2020年5月1日至7月31日期间，有计划有步骤地集中开展为期3个月的生活垃圾分类强化执法专项行动。

根据《条例》规定，对于单位责任主体不按规定分类投放生活垃圾，城管执法部门将责令立即改正，处1000元罚款；再次违反规定的，处1万元以上5万元以下罚款。未落实分类管理责任的，责令立即改正，并处罚款。个人未按规定分类投放生活垃圾，由生活垃圾分类管理责任人进行劝阻；对拒不听从劝阻的，生活垃圾分类管理责任人应当向城市管理综合执法部门报告，由城市管理综合执法部门给予书面警告；再次违反规定的，处50元以上200元以下罚款。对于应当受到处罚的个人，自愿参加生活垃圾分类等社区服务活动的，不予行政处罚。

上　海

1999年，上海市市容环境卫生管理局编制了《上海市区生活垃圾分类收集、处置实施方案》，首次确定了生活垃圾按照“有机垃圾”“无机垃圾”“有毒有害垃圾”分类的标准，垃圾分类工作的推进由此拉开序幕。2010年，上海市出台《上海市人民政府关于印发进一步加强本市生活垃圾管理若干意见的通知》，明确推进生活垃圾全过程分类。2012 年，上海市建设交通委和市绿化市容局联合发布《关于印发〈上海市城市生活垃圾分类设施设备配置导则（试行）〉的通知》，明确了分类标准、收集容器设置、分类标识等规范。2014 年 2 月，上海市人民政府发布了《上海市促进生活垃圾分类减量办法》，确定了生活垃圾分类新标准。该办法的制定和实施意味着上海垃圾分类减量推进工作进入了法治化的新阶段。

2019 年，《上海市生活垃圾管理条例》正式实施，根据规定，个人或单位未按规定分类投放垃圾都将面临处罚。该条例中的措施，不仅实现管理区域、管理对象全覆盖，同时还加大了惩处力度，因此也被外界称为“史上最严垃圾分类措施”。

广　州

2011 年，《广州市城市生活垃圾分类管理暂行规定》施行。广州成为国内第一个立法实施城市生活垃圾分类的城市。该项工作的目标是，垃圾分类率力争达 50%，资源回收率达 16%，资源化处理率达 90%，末端处理率低于 75%，无害化处理率达 85%。2012 年将建立完善的垃圾分类收集处理系统。依照此规定，广州的生活垃圾分为可回收物、餐厨垃圾、有害垃圾和其他垃圾四类，垃圾分类将贯穿垃圾产生、投放、收运和处理的全过程。

2017 年，《广州市生活垃圾分类管理条例》经广州市第十五届人民代表大会常务委员会第十一次会议通过，自 2018 年 7 月 1 日起施行。该条例共 7 章，64 条，主要明确了生活垃圾的类别和分类标准，加强了政府及其部门的职责，确实了生活垃圾的分类投放、收集、运输与处置规则，制定了生活垃圾的源头减量措施以及居民生活垃圾分类投放的引导和激励机制，健全生活垃圾分类处理的监督管理制度，并规定违反本条例的法律责任。

2019 年，广州市城市管理和综合执法局对外发布了《广州市居民家庭生活垃圾分类投放指南》（2019 年版）。细致列举了可回收物、餐厨垃圾、有害垃圾、其他垃圾四大类 100 多种细目。对不同生活垃圾种类类别、投放注意事项、容易混淆的生活垃圾进行了较细致的列举。

2020 年，《广州市生活垃圾源头减量和分类奖励暂行办法》已正式印发，于 2020 年 7 月 1 日起施行，有效期为 3 年。在此期间，广州市在生活垃圾源头减量和分类工作中成绩突出，具有较强示范引领作用的单位、家庭和个人将获得通报表扬、奖金等奖励。

第四节　学以致用：积极投身社会实践

社会实践活动是增强学生体质健康，完善学生知识体系，传授学生专业技能的有效途径。而“三下乡”活动和假期实习活动是高校诸多社会实践教学中最具代表性的活动之一。深入实施与组织“三下乡”活动和假期实习活动，能够有效补充课内思政教学的不足，丰富教学形式，提升教学效果，增强学生实践能力，对高校人才培养具备重要的意义。

一、“三下乡”活动

（一）“三下乡”活动的内涵

“三下乡”是文化下乡、科技下乡、卫生下乡的简称。

文化下乡包括：图书、报刊下乡，送戏下乡，电影、电视下乡，开展群众性文化活动。

科技下乡包括：科技人员下乡，科技信息下乡，开展科普活动。

卫生下乡包括：医务人员下乡，扶持乡村卫生组织，培训农村卫生人员，参与和推动当地合作医疗事业发展。

“三下乡”活动源起1996年12月中央10部委联合下发的《关于开展文化科技卫生“三下乡”活动的通知》。在二十多年的发展过程中，“三下乡”活动有力地推动了我国广大农村地区先进生产力、先进文化的快速发展。2019年，共青团中央印发《关于深入开展乡村振兴青春建功行动的意见》，意见中明确指出“组织和引领大中专学生深入农村尤其是革命老区、深度贫困地区和少数民族地区开展社会实践活动，在传播文明、推广科技、树立新风中增长本领。”高职高专学生在该活动中，需要依托自身综合素质和专业背景，深入我国农村地区，宣讲习近平新时代中国特色社会主义思想，将先进知识带向农村，开展针对农村儿童的志愿服务、开展文化和医疗服务等。

（二）大学生“三下乡”活动的内容

（1）理论普及宣讲。深入爱国主义教育基地、革命老区、农村乡镇、城市社区、厂矿企业等地，重点围绕习近平新时代中国特色社会主义思想开展宣讲报告、学习座谈、调查研究等。

（2）国情社情观察。深入政府机关、企事业单位、社区、街道、农村等地，在参观考察和走访调研脱贫攻坚、全面建成小康社会的过程中，深刻理解我国经济社会发展的新面貌、新成就。

（3）科技支农帮扶。依托产学研课题，发挥专业优势特长，到国家省级扶贫开发工作重点县（区）、学校定点扶贫县（区、村）开展农技培训推广、农业科普讲座、金融知识下乡、农村环境治理等。

（4）教育关爱服务。发动各级青年志愿者组织的力量，到国家中西部或其他基础教育薄弱的贫困地区，依托团中央“七彩小屋”、青年之家等阵地，开展学业辅导、亲情陪伴、自护教育、素质拓展、扶残助残、爱老敬老活动等。

（5）文化艺术服务。以弘扬时代精神、倡导文明新风为目标，以反映新中国成立70年来取得的辉煌成就和社会主义核心价值观等为主要内容，到乡镇农村、企业厂矿、城镇社区开展艺术创作、惠民展演、文化普及等。

（6）爱心医疗服务。重点围绕健康中国战略，到农村、社区、中小学开展健康普查、流行性疾病防治、基本医疗卫生知识普及、乡（村）医疗站建设等。

（7）“美丽中国”实践。重点围绕“美丽中国”建设，到农村基层、县域城镇和城市社区开展环境治理、水资源保护、环保知识普及、自然灾害预防等。

（8）依法治国宣讲。依托相关学科专业和学生法援类社团，深入基层和贫困地区，开展法治宣传教育、法律援助等，弘扬法治精神，提升人民群众学法懂法守法护法意识。

【知识链接】

西部志愿者计划

西部志愿者计划的产生，源于2003年团中央实行“西部计划”，在各大高校招募毕业生到西部基层进行支教、支农、支医、扶贫、基层法律援助等，对西部进行人才支援。所有参加西部计划的毕业生有一个共同的名字——西部计划志愿者。

自2010年开始参加西部计划的，服务期满2年且考核合格的志愿者，3年内报考研究生，初试总分加10分，同等条件下优先录取。

志愿者服务期满 2 年且考核合格的，报考公务员等享受相关优惠政策。出省服务的和在本省服务的志愿者优惠政策必须保持一致，具体政策规定由省级人力资源社会保障部门确定。

有志于为公益事业发展奉献力量、有志于为传播志愿文化奉献力量的普通高等学校本年度应届毕业生，无论是本科生、研究生、大专生都可报名参加。

（三）高校“三下乡”活动的育人价值

1. 强化大学生的社会责任感和使命感

大学生长期处在一个生活条件相对轻松的校园环境中，对社会缺乏全面深入的了解，在认知上难免出现脱节现象，尤其是对农村情况。有不少大学生从小生活在城市中，对农村的了解仅限于书本和新闻报道，而对真实情况一无所知。通过“三下乡”活动，组织大学生在假期深入农村，了解基层生活，让他们深刻地体会到祖国在日益强大的同时，还存在许多不足的地方。如城乡区域发展不平衡问题仍然突出，扶贫工作任重道远，留守儿童和留守老人仍是农村突出的问题。这些问题的解决需要大批有志青年积极投身到农村建设中去，贡献自己的力量，从而增强他们的社会责任感和使命感。

2. 提升大学生的综合素质

高校教育的宗旨是，传授学生专业知识和提升学生的综合素质能力。高校学生深入掌握课堂理论知识，有助于在实践活动中有效利用，有助于将高校教育与社会经济活动有机结合起来。仅仅注重课堂教学与教材知识的传授，难以有效增强学生对知识的应用技能，不利于提升学生社会实践能力，制约着学生的全面发展。而“三下乡”活动，能够有效为学生使用理论知识破解社会现实问题，增强社会实践能力提供基础。另外，“三下乡”活动的是一个团体性活动，它的出色完成需要团队成员相互配合、彼此协调。通过参加“三下乡”活动，在积极参与活动筹备、实施和总结的每一个环节中，青年大学生将进一步学会团结协作，认识他人的优点，明白团队合作的重要性。同时，在与团队其他成员相互合作中战胜困难，完成活动任务，使得他们彼此认可，培养集体精神。

3. 促进农村的建设与发展

“三下乡”活动是以大学生群体作为实践主体，以服务农村基层为目的的活动。随着我国经济的快速发展，农村面貌发生了很大的改变。但由于区域发展不平衡，在我国许多偏远的地方，农村经济发展缓慢。此时，通过“三下乡”活动，以大学生为媒介，将先进的文化观念、科学技术和医疗卫生知识传播到相对落后的农村中，改变群众守旧观念，解放思想，促进农村经济和文化的发展。另外，大学生在将先进的科学技术和文化知识传授给群众，协助培养农村技术人才的同时，还传播了党的方针政策，把文明新风和民主法制带到农村，强化了农村文明建设。

【拓展阅读】

再见牛尾，再见是故人

2019 年 7 月 11 日，陕西理工大学文学院暑期社会实践团来到陇南市武都区汉王镇牛尾乡，开展以“爱心呵护成长，阳光筑梦未来”为主题的“三下乡”社会实践服务活动。七天的相伴，志愿者和孩子们结下了深厚的友谊；七天的收获，志愿者和孩子们都欣喜异常。回顾此次实践，硕果满满。

呵护守护纯真，关爱铸就梦想

实践团在抵达目的地前就准备好了太多的鼓励的话语，但是当志愿者面对留守的孩子们的时候，都没能说出口，只好用眼神去鼓励他们。在整个实践过程中，志愿者们密切关注着那些性格内向、害怕表现自己的孩子们。这些孩子大多都是留守儿童，因为父母常年不在家，缺少情感的关怀，造成了某种程度上的性格缺陷。“妈妈在很远的地方打工，爸爸也在外面做生意，过年才能见他们，我明天过生日，我不想要礼物，我就想让他们陪我一起”，在送孩子们回家的路上，一个孩子说出了这样的话。志愿者们只能忍住内心的酸楚，默默地为他准备了小礼物，约定陪他过一个别样的生日。在免费教学指导中，志愿者们积极鼓励孩子们在课堂上发言，让他们能够认识到自己的优点，树立自信。对年纪尚幼的孩子，志愿者还会为他们讲故事，陪他们做游戏，让小朋友感受快乐和关爱。

“在家中缺少的陪伴，我们就要尽力给他们补回来，哪怕是微不足道的一点小事，我们也要去做”，指导老师王廷子老师在第一次晚上的总结例会中给志愿者们布置任务。“关注每一个孩子，不让任何一个孩子掉队”，这是实践团的宗旨。每天两次的放学接送是属于志愿者和孩子们的时间，志愿者只想离他们近一些，更近一些。

志愿者护送孩子回家

发挥专业优势，传承国学经典

实践伊始，文学院各个专业的志愿者在面对教学指导的讨论中，决定发挥文学院的专业优势，为孩子们带来别开生面的普通话教育和国学教育，让孩子们从小受到中国传统文化的熏陶，为他们的成长助力启航。

由于当地的方言影响和教育资源的缺乏，孩子们的普通话水平有待提升。为了培养孩子们说好普通话，志愿者张曦月、邓宇杰为孩子们带来了普通话教学，“同学们，上课之前大家读一遍‘刘奶奶喝牛奶’的绕口令好不好？”“好！”孩子们异口同声地回答。在大家读完不标准的绕口令之后，课堂气氛瞬间提升。在有趣的开场导语之后，在其他志愿者的协助下，他们对孩子们不容易分清的字音耐心纠正，“原来有好多字我都读的是错的哇，谢谢老师教我们。”小朋友们经过认真的发音学习，一遍遍练习，区分清楚了很多读音。推普课程在孩子们齐声的朗读声中结束，取得圆满成功。

最重要的传统文化课程也陆续展开，志愿者根据学生的年龄构成以及对学生的调查，放弃了原先制定的教案，精心制作了知识性和愉悦性相统一的教学计划。用风趣的语言，以十二生肖的故事为启发，继以传统节日为拓展，让孩子们对中国传统文化知识增加了解。在此基础上，举办了主题为“传承国学，诵读经典”古诗文朗诵活动，并且为孩子们准备了纪念奖品，予以肯定和鼓励。“中国文化源远流长，孩子们的学习路还长，希望他们继续努力。”志愿者王老师感慨之语深入人心。

“传承国学，诵读经典”古诗文朗诵活动

展现美好青春，自信成就未来

时间总是匆匆而过，7 月 15 日下午，最激动人心的文艺汇演拉开了帷幕。志愿者们吃完中饭立即投入布置会场的工作中去。下午 3 点，孩子们全部到校，文艺汇演在两名小主持人稚嫩的声音中开始，唱歌队、朗诵队、跳舞队依次上台表演，志愿者也为孩子和家长们带来了《我是青年志愿者》的精美朗诵。最终在大家的齐声加油中活动进入了尾声，实践服务活动也进入了尾声。六天的努力收获满满，孩子们的笑脸就是志愿者们最好的答卷。

孩子们的朗诵表演

二、假期实习活动

实习是大学生积累社会经验的重要途径，它能够提高大学生的沟通能力、适应能力及解决问题的能力等。大学生应充分把握在校的实习机会，广泛地接触社会，努力大胆地尝试，积累实践经验，增强自己未来求职的竞争力。

（一）假期实习指南

实习是学习与就业之间的一个重要环节，好的实习经历能给为在校的学习交出一份满意的答卷，同时也可为将来的就业热身，打好“预备战”。

1. 获取实习信息

学校公示栏。学校公示栏中往往会有许多的就业信息。学校附近的企业或者公司，会把招人信息以纸质文稿的形式张贴在公示栏上面。

各地方劳动局。各地的劳动局每年都会有相应的政策来支持大学生假期实习。劳动局给出的用人实习单位有很多，而且十分正规。

各大企业官网。一般来说，许多大企业会在寒暑假期间，在其官网上面发布招人（大学实习生）公告。有意向的同学可以留意各大企业的官网，以找到适合自己的假期实习。

【拓展阅读】

为防止被骗，大学生在找实习机会时，也应特别注意以下方面。

（1）从可靠渠道获取职位信息。

（2）通过多种渠道了解企业背景。

（3）认真确认面试地点。

（4）谨慎签订实习协议。实习协议中应当写明实习薪资、实习期限、终止协议的相关条款。如果用人单位违约，拖欠工资，可以将实习协议作为证据提起劳动仲裁，维护自身的合法权益。

（5）拒交任何名义的费用。

（6）求职前了解相关法规和劳动政策。

2. 结合自身专业与兴趣选择实习单位

在专业对口的单位实习可以大大提高专业业务能力，对专业的认知将上升到更高的层面。但有些学生把实习当兼职，以薪酬高低为目标，偏离了专业方向与范围。从长远来看，这样的选择对今后的职业发展不利。

在具体的选择中，学生首先要摆正心态，抛开自身荣誉、学校背景，客观分析自己的专业知识、沟通技能、思维能力及自身性格、兴趣等方面的优缺点。分析实习机会会带来哪些能力和素质的提高。其次在实习单位方面，一般成熟的企业会有完备的管理流程和鲜明的企业文化，可以提升实习者的职业素养。但也要注意不盲目追求实习单位的名气和规模。相比较而言，那些中小型公司实践机会相对较多，实习者可以在职业能力上得到较大提升。对于实习报酬要具体情况具体分析，如果实习机会难得，可考虑不要报酬。

3. 在实习当中探索个人职业定位

实习不仅是个人接受企业考察的过程，也是个人和企业互相了解的过程。在实习时，应多主动接触同事、感受企业文化，看自己是否适应工作氛围，能不能与他人很好地沟通合作。如果通过实践发现自己并不适合这份工作，在后期的职业规划中要有针对性地调整职业定位。

【拓展阅读】

大学生选择实习看重什么？有人看平台有人重机会

现在一些大学生在选择实习时，薪资高低不是首要因素，兴趣、平台和经验等是他们的考虑因素。

期待提高自我，坚持兴趣至上

在四川一所高校读硕士研究生二年级的潘微微，本科专业是电子商务，硕士研究生所学专业是市场营销，她现在在索尼成都区域人力资源部门实习。“我对人力资源这块比较感兴趣，可接触到很多不同的人和事，所以在选择实习的时候我就留意了有人力资源岗位的公司。”她选择了一份与自己所学专业完全不对口的实习。

从一开始的不熟悉到后来的熟能生巧，潘微微发现许多学科都是融会贯通的。在她看来，大学生可以根据自己的兴趣爱好，积累不同领域的经验，去确定自己与理想岗位的匹配度。在人力资源岗位实习之后，她总结出了自己的一些经验："虽然以后我不能确定是否从事这份职业，但是在这里实习让我对未来应聘有了一些积累，知道用人单位看重应聘人的哪些素质，我觉得这一点很重要。"

看重实习平台，注重资源与机会

在成都一所高校读大三的余靖文，目前已有过3次实习经历。从大一开始，她就决定毕业直接找工作，她对实习的选择也有着明确的目标。"我主要是根据自己未来就业方向进行实习岗位的选择。公司的平台和行业的前景非常重要，大公司的实习会比较有含金量，写在简历里比较好看，而且在大公司会拓宽整个人的视野和格局，能够接触更多更好的资源和工作方式"。

余靖文在选择实习时首选世界500强企业，并且会根据行业的发展和公司的近况对实习的平台和岗位进行评估，再结合自身的情况最终敲定实习意向。

多次实习，找寻方向

在上海一所高校读大三的沈月有过3次实习经历。大二期间，她找到了自己的第一份实习，实习单位是一家传统媒体；大二暑假，她去了一家互联网初创企业，做亲子类社交平台的内容输出;读大三时,她去了另外一家有名的互联网公司做运营工作。从传统媒体到新媒体，选择的变化，得益于沈月自身在工作中的不断探索。

随着年级的增长，沈月找实习也更有针对性。"大二时，我只想找可以发挥自己优势、名气较大的单位进行实习。后来到了大三，在网上搜索实习时，我会搜与我想做的工作相关的关键词。如果看到那种没有听过的小公司，也不会直接略过不看，我会去进一步了解一下公司的情况，看看是不是适合自己的。"她说。

阶段不同，需求不同

对于浙江理工大学的辅导员侯霞来讲，换实习单位或专业频繁的学生案例多见。她将学生在大学不同阶段对实习态度的转变，归于学生在知识掌握和未来道路选择上的变化。"我经常遇到一些大一同学，找实习的唯一要求就是兴趣，只要是新奇的、有趣的，同学们都跃跃欲试，但对实习却没有明确的认识。到了大二大三，更多同学将实习与学分挂钩，通过实习去寻找适合自己的就业岗位。大四阶段的学生对实习的选择则与他们未来要从事的工作具有高度吻合性，他们从事的实习大多与自己未来的工作匹配度很高，他们会为自己积累工作经验或在实习工作中寻找转正的机会。”侯霞说。

4. 在实习中提高自己综合能力

进入企业实习后，要尽快完成从学生到工作者的身份转变和思路转变，不断提高自己的综合能力。

（1）要清楚工作常常是结果导向的。领导需要的是成果，工作评估的也是成果，过程中无论做了多少事，只要没有达成目标、没有预期成果都不算完成工作。如果无法达成预期成果，必须主动协调资源，推动问题解决。

（2）要分清事情的轻重缓急，对时间进行合理安排。不清楚手里的工作孰轻孰重时，要及时向同事或领导咨询或请示。

（3）对于工作内容切勿眼高手低，要以积极主动的态度认真对待接到的每一个任务，在规定的时间内保质保量完成工作。

（4）还要注意如何进行有效沟通、与同事和谐相处等问题。

（二）假期实习实务

（1）熟悉环境，不做局外人。实习开始后，尽快熟悉环境，除了自己部门的业务内容，还要大致了解其他部门情况。学习使用打印机、传真机等办公设备。

（2）多听、多想、多自学。多思考，处处留心。学会自学，特别是通过看报告、旁听会议等各种渠道，尽快了解工作内容及业务逻辑。

（3）以正式员工要求自己。要把自己当成一个有工作责任感的职场人，积极尝试承担新工作。

（4）做事靠谱、有章法。明确工作任务，工作进度及时汇报，遇问题先想办法再寻求帮助。按时完成工作并保证质量。

（5）及时总结经验。

【经典案例】

大学生打工遭转包

一切的源头是在QQ群的一条招聘信息：2018爱信力团队暑假工招募……前有团

队负责了解厂区环境待遇，后有强大的后勤运营团队，确保服务到每个学生需求。住宿6～8人间，有空调，上六休一，环境美丽。包吃包住，月薪3500～5500元不等。

这些条件看起来很诱人，毕竟是短期工，还包吃住，工资还算过得去，对于这些不富裕人家的孩子来说，无疑是一份“高薪”的工作。不过前提是要交200元车费，这些大学生不是没有怀疑过，但是这钱收的似乎“合情合理”，于是咬咬牙也就交了。

坐上车出发的途中，诈骗者的“獠牙”开始露出。先是要求多交150元，开始大家都在抗拒，毕竟无缘无故多交，但是这车已经开到高速公路上，可以说“箭在弦上”，只能认栽交了，安慰自己打工就赚回来了。

紧接着是改地址，宣称原定的江苏昆山工厂务工人员已经招满，车队将改去深圳一家工厂。目的地的改变让大家不安，人在屋檐下不得不低头。“骗子”要求每人交多400元安排费，如果不给没法安排工作。直到这时候大家才意识到也许自己受骗了，但是大部分人还是老老实实地交了，毕竟不交等于不见了350元，现在多交400元也许还有机会。

大家并没有等到所谓的工作，工厂表示自己和中介没有关系，还十分排斥这种中介行为。另外此次只招22周岁以上长期工，而且他们暑假工已经招满。事已至此，大家都知道被骗了，有学生选择了报警。他们的身上已经没有太多的钱回去，此刻感觉如此的“落魄”，打工不能反被骗，回去被家里人知道指不定还挨骂。

在救助站那晚，因为害怕，他们都没怎么睡，凌晨3点起就在院子里踱步到天明。次日，在救助站的帮助下，他们每人携带6包方便面，凭站票踏上了从广州东站开往太原的火车，历经近34个小时回到太原。被骗的郭爱华表示自己永远忘不了那天晚上的感受，又气、又累、又困、又饿。

作为此次“爱信力团队”带队的负责人小李是一名大二学生，之前参加过招工挣到钱尝到了甜头，现在开始做代理。小李表示这次确实是因为车辆的迟到导致没办法顺利让学生入职，另外中介收400元中介费是他没有想到的。

大学可以说是学生时代和社会时代的过渡阶段，一方面想学好知识，另一方面又想尝试下社会赚钱的快乐。很多诈骗者就是利用这一点，承诺高薪诱骗大学生。尽管有不少人知道天下没有免费的午餐，但是更多人选择了“飞蛾扑火”，可以说不见黄河不死心。

另外也要提醒警惕网络诈骗。特别是一些诈骗者表示利用空闲时间兼职，努力一点可以月入过万，这对于缺钱的学生来说无疑是巨大的诱惑。诈骗者一般都会要求交入会费等，还振振有词地表示：不交钱谁都可以入门，这样会导致竞争压力太大的行业乱象，另一方面，交钱是让你们兼职更加努力，这样才能赚回本钱，等等。

——资料来源：搜狐网，2018-08-03

（三）做好劳动安全教育，增强劳动安全意识

劳动安全教育是高职高专院校教育教学的重点内容，同时也是大学生知识体系不可缺少的组成之一。积极对大学生进行劳动安全教育，能够促进其健康心理的形成，对大学生发展也有着十分重要的意义。

大学生劳动安全问题关系千家万户，也关系着社会的和谐稳定，与国家未来发展有着十分密切的联系。我国各大高校也发生过若干起各种令人痛心的劳动安全事故，直接反映了对大学生进行劳动安全教育的迫切性。因为当前教学体系和教学方式存在的弊端，大学生普遍存在劳动安全意识较弱的问题。学校应高度重视劳动安全教育，劳动安全是开设劳动教育课的重要前提，保证劳动安全是所有参与者的重要责任。

【知识链接】

大学生安全知识

（1）防磕碰。目前大多数家庭的居室空间比较狭小，又放置了许多家具等生活用品，所以不应在居室中追逐、打闹，做剧烈的运动和游戏，防止磕碰受伤。

（2）防滑、防摔。居室地板比较光滑，要注意防止滑倒受伤；需要登高打扫卫生、取放物品时，要请他人加以保护，注意防止摔伤。

（3）防坠落。住楼房，特别是住在楼房高层的，不要将身体探出阳台或者窗外，谨防不慎发生坠楼的危险。

（4）防挤压。居室的房门、窗户，家具的柜门、抽屉等在开关时容易挤手，也应当处处小心。

（5）防火灾。居室内的易燃品很多，例如木制家具、被褥窗帘、书籍等，因此要注意防火。不要在居室内随便玩火，更不能在居室内燃放爆竹。

（6）防意外伤害。改锥、刀、剪等锋利、尖锐的工具，图钉、大头针等文具，用后应妥善存放起来，不能随意放在床上、椅子上，防止有人受到意外伤害。

（四）假期实习，提高安全意识谨防受骗

1. 提防非法中介机构

一些非法中介机构看准了在校大学生缺少社会经验，同时又挣钱心切的心理，在收到了高额中介费后却不履行合同，不能够及时为大学生找到合适的工作，或者先给大学生找一家招聘公司，然后该公司又以种种名义推脱；更有甚者，“打一枪换一个地方”，交钱后无处可寻。

防范方法：大学生打工一定要到有资质、信誉好的职介中心找工作。进门先看该职介中心是否有劳动部门颁发的《职业介绍许可证》和工商部门颁发的《营业执照》，只有具备这两证的职介中心，才能从事职业介绍工作。正规中介机构，除具有中介许可证之外，一般会将营业执照悬挂在大厅等较显著位置。大学生打工者一定要看清对方营业执照，了解经营范围是否与其所称的相符；同时应要求看营业执照正本，不要被“复印件”糊弄。

2. 拒交任何名义的押金、保证金以及证件

一些用人单位会要求大学生支付押金，承诺交了押金后就可以上班，但之后又以“人员已满”等各种借口要求大学生回去等消息，而且拒绝返还押金，最后就没有音讯了。有的单位收取保证金，称以此“保证”学生按要求上班，并答应在打工结束后归还，可是到结算工资的时候，保证金却不见踪影。

防范方法：任何招聘单位，以任何名义向求职者收取抵押金、风险金、报名费、培训费等行为，都属非法行为。招聘单位培训本单位的职工，也不准收取培训费。求职者遇到此类情况，要坚持拒交，并向招聘单位所在区、县举报，以确保自己的合法权益不受侵害。坚决不押任何证件！证件一旦流失，不法分子可能利用它来买贵重物品、进行诈骗或者伪造证件等不法活动。

3. 远离传销

传销公司一般先安排学生以销售人员的名义上岗工作，然后公司让学生交纳一定的提货款，再让学生如法炮制去哄骗他人。有的同学在高额回扣的诱饵下，甚至去欺骗自己的同学、朋友。

防范方法：了解传销特征。传销通常具有以下特征中的一个或几个，有的会在“入会”时告诉你的职责之一是发展更多的人；有的会让你交纳昂贵的会费；有的会在工作场所营造一群人群情激昂的气氛。如果发现传销嫌疑，大学生应立即停止打工，及时报警。

4. 不要轻信和许诺到外地上岗

非法中介或私招滥雇者为外地企业或总公司某某外地分公司、分厂的高薪招聘，不论其待遇多么好，求职者千万要保持清醒头脑和高度警惕，不要轻信对方的口头许诺。

防范方法：一是谨慎识别，看破骗局；二是到劳动保障部门咨询，并办理相关的正规手续，否则会吃大亏，被骗工、骗钱，甚至被人贩子拐卖。

5. 慎重与用人单位签订书面协议

有些单位以种种借口拒绝与学生签订书面协议书，结果打工结束后，因没有书面协议，劳务费无处可讨。有的单位在协议里为自己规定的权利很多，而给大学生的权利很少，这样的协议要谨慎对待，要求其权责明确。签协议书要明确对象，有的用人单位可能耍花招，营业执照上写的是 A 公司，协议书上写的却是 B 公司。

防范方法：大学生打工一定要与用人单位签订权责明确的书面协议书。

6. 小心在娱乐场所上当受骗

一般说这类行业大都以高薪来吸引求职者。工种有代客泊车、导游、陪练、陪侍等，青年学生到这种场所打工，往往容易上当受骗。

防范方法：学生在应聘前要清楚应聘岗位从事的工作内容和性质，不要被眼前的高薪所迷惑。另外，要尽可能跟用人单位签订有效协议，这样即使出了问题也有挽救的余地。

7. 发觉被骗，及时报案

求职者一旦发觉上当受骗，要及时向招聘单位所在地的人事局人才市场管理办公室、劳动保障监察大队或公安派出所报案，寻求法律保护。另外，求职者在求职前或求职过程中，应主动学习一些劳动法规和相关政策，提高自己的求职素质和独立思考的能力。

【实践活动】

学以致用回报社会假期实践活动

在暑假期间面向贫困地区农村留守儿童和随迁子女，围绕学业辅导、亲情陪伴、素质拓展、自护教育、思想引领、心理辅导等内容，开展假期志愿服务，切实为有需要的农村留守儿童和随迁子女提供帮助和服务。

各服务团队以团队为单位提前做好工作分工，提前备课，开展10天以上的学以致用、回报社会假期社会实践活动，并撰写实践报告。

【过程记录】

活动开展计划：________________________________

____

____

活动开展关键点：______________________________

____

____

活动开始难点及解决方案：________________________

____

____

活动心得体会：________________________________

____

____

____

【结果评价】

教师可参考下表对学生参与学以致用、回报社会假期实践活动的情况进行评价。

评价标准	分　值	分数小计	教师评价
提前做好活动方案的策划	20分		
达到实践效果	20分		

第六章

立足校园、服务社会的高校勤工助学

勤工助学作为学校学生资助工作的重要组成部分，是提高学生综合素质和资助家庭经济困难学生的有效途径，是实现全程育人、全方位育人的有效平台。勤工助学活动应由学校在不影响正常教学秩序和学生正常学习的前提下有组织地开展。

【教学目标】

1. 知识目标

（1）了解勤工助学的主要内容，积极投身社会实践。

（2）明确勤工助学对于自身的意义。

（3）熟悉国家高校家庭经济困难学生资助政策体系。

2. 素质目标

（1）积极参加勤工助学，提升自身社会实践能力。

（2）在勤工助学过程中不断磨炼自我，体悟劳动成果来之不易，尊重劳动，并尝试创造性劳动。

【案例导入】

大学生应该勤工助学吗？

近几年，由于全国各地经济发展的不平衡以及高校实行并轨制后收费标准的大幅度提高，高校的贫困生、特困生增加。虽然高校提供了奖学金、助学金、社会助学金、学杂费减免、特困生补助等方式帮助贫困大学生，但大学生解决生活费问题最普遍的途径还是勤工助学。

情景一：我很支持大学生通过自己的双手或大脑劳动获得一些收益，补贴生活费，减轻父母的压力，小琪同学说。

情景二：我参加勤工助学不是为了钱，而是丰富人生阅历，小张同学说。

情景三：大学生做零工不过是发发传单、送送报纸、去肯德基或麦当劳做服务员等，对一些女生来说也就是做做淘宝、兼职模特之类。做这类工作没面子，收入也不高，学不到东西。把大学的宝贵的学习时间用来做廉价的劳动力，是不是太浪费啊？小杰同学说。

【想一想】

（1）你赞同三个情景里边同学的看法吗？为什么？

（2）新时代大学生应该勤工助学吗？请结合自身的经历或见闻谈谈你对大学生勤工助学的看法。

第一节　高校勤工助学概述

一、勤工助学的意义

高校应通过勤工助学工作，培养大学生自强不息和创新创业的精神和积极向上、乐观进取的人生态度。尤其是大学生更应该通过勤工助学提高自己主动适应社会的能力，磨炼自己坚韧、坚强的意力，既要学会做事，又要学会做人。因此，勤工助学劳动不仅可以使学生通过参加劳动取得相应报酬，帮助大学生顺利完成学业，而且更加有利于大学生德智体美劳全面发展。

（一）实现了济困助学功能

高校中很大一部分时间是由学生自由支配，勤工助学能够让贫困学生在业余时间展示其价值，通过自己的劳动来获取报酬，缓解经济压力。

（二）锻炼了大学生的思想品格

当下，部分 90 后、00 后大学生害怕吃苦，缺乏服务精神和团队意识，责任意识不强。因此，通过勤工助学实践活动能够让学生感受到生活的艰辛，懂得什么是责任和担当，明白什么是感恩和奉献，有利于他们树立自信心，形成劳动光荣的观念，有利于他们树立正确的人生观、世界观和价值观。在团队中学会面对激烈的竞争，有助于提高他们的心理承受能力，培养危机意识。同时，在长期的勤工助学实践中，能够培养学生的自我约束力、劳动意识和职业道德，这些都将成为他们以后人生路上的宝贵财富。

【拓展阅读】

我和勤工助学的故事

故事一：

某高校周同学在计算机中心做勤工助学工作。她分享道：“有一回一个留学生来咨询，他问我为什么他在寝室上不了网，怎样才可以上网，是不是需要路由器之类的，他是用英文讲的。我英语不是很好，有的单词听不懂，让他重复讲了好几遍才弄明白他的意思。当时就觉得太尴尬了，同时也意识到学好英语的重要性。”

周同学在工作过程中为其他同学解决麻烦的同时，更深切地认识到自己的不足之处，从而激发了加倍学习以增长知识、开阔眼界的热情。

故事二：

程同学在心理健康教育中心担任学生助理，她的工作内容主要是安排预约。作为咨询者和咨询师之间沟通的桥梁，她想方设法让咨询者满意。“刚开始因为不太了解工作，不知道怎么处理好一些事情，做了半年之后很多都熟悉了，熟能生巧，自己也慢慢地开始享受其中。”

另一位心理中心的助理也深有感触，她说：“我收获最大的一点就是通过自己的讲解，可以让人们明白原本不清楚的东西，当他们发出‘哦，明白了’的时候，我心里就觉得非常自豪。我也学到了跟人交谈的方法，不同的人要通过不同的方式，要有耐心。”

故事三：

朱同学在校传媒中心工作，她说：“在课余时间来做这些工作时间其实不紧张的，能向亲切和蔼、知识很丰富的老师学习，而且还能提高自己行政办公能力，在虚心学习的过程中越来越积极自信。”

此外，这些同学都表示，通过自己的努力工作得到报酬是一件十分令人开心和满足的事。“自己挣钱是一种很奇妙的感觉，每天工作也很有积极性。一是觉得自己可以挣钱了，花自己的钱也很心安。二是也体会到挣钱的不易，对父母辛苦挣钱供我们读书有很大的触动，因此在生活中会尽量克制自己，学会理性消费”，周同学不禁发出这样的感慨。

（三）提高了学生综合能力素质

通过勤工助学实践活动，有利于进一步提高学生的学习能力、社会能力及内省能力。从校内岗位到校外岗位，从懵懂跟从到独立选择，从忐忑上岗到独当一面，大学生的实践能力、创新意识和独立分析问题、解决问题能力等明显提升。学生提前接触社会，了解社会规则，调整自己的预期，改进自身不足，以契合社会需求，团队意识、自律能力、心理素质明显提升，社会适应能力显著提高。通过勤工助学，学生的学习能力和专业素质也可得到增强，学生把学到的专业知识很好地运用到实践中去，边学习边实践，不仅可以让自己的专业知识更扎实稳健，同时还可以从专业出发去扩展相应的专长，增加个人能力。

【知识链接】

随高校录取通知书附有一份《家庭经济困难学生认定申请表》，便于家庭经济困难学生申请资助。为了让学生及家长少跑路，从2019年开始不需要在表上盖章了，改为个人承诺并签字。盖章可以省，诚信不能丢。填报虚假信息的，一经发现，会被取消受助资格，并留下个人诚信不良记录。

建档立卡贫困家庭学生、最低生活保障家庭学生、特困供养学生、孤残学生、烈士子女、家庭经济困难残疾学生及残疾人子女等，可将相关证件材料复印件带到学校，方便入校后申请资助。

二、勤工助学岗位设置

（一）勤工助学岗位设置原则

勤工助学岗位设置，以增强学生的劳动观念，提高学生自我服务、自我管理、自我教育能力，培养学生自立、自强、自律精神，帮助家庭经济困难学生顺利完成学业为目的，以不影响学生学习为原则，鼓励大学生积极参加与专业技能相关的社会实践，实现理论与实践的有机融合。

学校应积极开发校内资源，保证学生参与勤工助学的需要。校内勤工助学岗位设置应以校内教学助理、科研助理、行政管理助理和学校公共服务等为主。按照每个家庭经济困难学生月平均上岗工时原则上不低于20小时为标准，测算出学期内全校每月需要的勤工助学总工时数（20工时×家庭经济困难学生总数），统筹安排、设置校内勤工助学岗位。

勤工助学岗位既要满足学生需求，又要保证学生不因参加勤工助学而影响学习。学生参加勤工助学的时间原则上每周不超过8小时，每月不超过40小时。寒暑假勤工助学时间可根据学校的具体情况适当延长。

【拓展阅读】

大学生勤工助学的时薪是多少?

教育部、财政部发布《高等学校学生勤工助学管理办法（2018 年修订）》（以下简称《办法》）。根据《办法》规定，勤工助学岗位分固定岗位和临时岗位，相关酬金支付标准也得以确立。其中，校内固定岗位按月计酬。以每月 40 个工时的酬金，原则上不低于当地政府或有关部门制定的最低工资标准或居民最低生活保障标准为计酬基准，可适当上下浮动。校内临时岗位按小时计酬，每小时酬金可参照学校当地政府或有关部门规定的最低小时工资标准合理确定，原则上不低于每小时 12 元人民币。校外勤工助学酬金标准不应低于学校当地政府或有关部门规定的最低工资标准，由用人单位、学校与学生协商确定，并写入聘用协议。

（二）勤工助学岗位类型

勤工助学岗位分固定岗位和临时岗位。

固定岗位是指持续一个学期以上的长期性岗位和寒暑假期间的连续性岗位；临时岗位是指不具有长期性，通过一次或几次勤工助学活动即完成任务的工作岗位。

岗位类型主要包括管理助理、教学助理、科研助理和兼职辅导员等。学生可通过学校网站查看相关信息。

（三）勤工助学中心

勤工助学中心隶属于学生工作部（学生处），主要负责校内校外一切勤工助学活动，是学校学生勤工助学的管理机构。中心主要围绕勤工助学基地及全校勤工助学岗位体制建设、文化建设、团队建设、品牌建设等几个方面开展工作为学校勤工助学的重要力量。

【探索思考】

为进一步做好学校新型冠状病毒疫情防控工作，充分发挥勤工助学的育人功能，落实“推迟开学不停学”的工作部署，某高校特设立防疫宣传联络岗等五类学生线上勤工助学岗位。以下为该校对岗位的设置及要求。

防疫宣传联络岗：协助院系做好疫情期间有关通知、联络、信息汇总等工作；宣传和普及新冠病毒防控知识；收集、挖掘和整理防疫期间本单位师生的生动事迹。

在线教学联络岗：及时了解和反馈本单位线上教学开展过程中的问题和困难，重点关注湖北等疫情严重地区同学的学习需求。

心理健康支持岗：协助心理中心老师开展线上咨询预约，QQ群线上值班，收集、更新疫期心理支持信息，开展防疫心理健康知识宣传；协助院系老师做好心理健康知识、日常心理援助资源信息的宣传，观察同学的心理健康状态，保持与院系老师、心理中心老师的沟通联系。

就业联络服务岗：①空中招聘会在线招聘助理。与企业做好招聘需求对接和信息传递工作；向学生宣传和发布招聘信息。②在线职业咨询支持。协助就业中心老师开展线上咨询预约、问卷收集与统计、职业咨询故事推送、咨询后台管理等工作；协助院系老师做好就业指导信息宣传工作。

假如你是该校的学生，你会申请哪个岗位，为什么？

三、勤工助学面试准备

任何面试都是面试者对求职者筛选的一个过程。对方需要从你提供的信息中判断你是否适合当前的岗位。作为求职者，无论面试何种岗位，都要注重沟通效率，在短时间内充分展示自己的特长、个性、优势、能力等，给对方留下好的印象。

准备面试时，可以从以下问题入手，做好充分准备。

（1）请描述你的基本情况。

（2）你有什么工作经验？在工作中有何体验和收获？

（3）你认为此工作岗位应当具备哪些素质？

（4）你如何描述自己的个性？你觉得你性格上最大的缺点和优点分别是什么？

（5）你为什么认为自己适合这份工作？

【拓展阅读】

部分高校勤工助学组织标志

高校勤工助学组织标志

第二节　高校家庭经济困难学生资助政策体系

教育公平是社会公平的重要基础，促进教育公平是国家基本教育政策。党和国家高度重视家庭经济困难学生上学问题。近些年中央有关部门密集出台相关资助政策措施，已建立起覆盖学前教育至研究生教育的学生资助政策体系，从制度上保障了不让一个学生因家庭经济困难而失学。

一、高校资助政策体系主要内容

国家在高等教育阶段建立起国家奖学金、国家励志奖学金、国家助学金、国家助学贷款、师范生免费教育、勤工助学、学费减免等多种形式并存的高校家庭经济困难学生资助政策体系。其中，解决学费、住宿费问题，以国家助学贷款为主，以国家励志奖学金等为辅；解决生活费问题，以国家助学金为主，以勤工助学等为辅，共同帮助家庭经济困难学生顺利入学并完成学业。

二、高校家庭经济困难学生的认定

家庭经济困难学生需向学校申报家庭经济困难，由学校根据有关部门设置的标准和规定的程序、以民主评议方式认定。学生在申请家庭经济困难认定时，必须提交家庭所在地的乡（镇）或街道民政部门加盖公章予以确认的《高等学校学生及家庭情况调查表》，证明自己的家庭经济状况。

三、高校资助政策的实施范围

所有公办普通本科高校、高等职业学校和高等专科学校的全日制普通本专科（含高职、第二学士学位）在校学生，符合国家规定条件的，享受国家的资助政策。

【拓展阅读】

国家学生资助最新政策[1]

（1）国家奖学金：奖励 5 万名特别优秀的二年级以上（含二年级）本专科在校生，每生每年 8000 元。

（2）国家励志奖学金：奖励资助品学兼优、家庭经济困难的二年级以上（含二年

1 注：截止到 2020 年的政策内容。

级）本专科在校生，每生每年 5000 元。

（3）国家助学金：资助家庭经济困难的本专科在校生，平均资助标准为每生每年 3000 元。

（4）国家助学贷款：政府主导、金融机构向高校家庭经济困难学生提供的免担保、免抵押信用贷款，用于解决在校期间的学费和住宿费，每生每年最高不超过 8000 元。在校学习期间利息全部由财政贴付，毕业后的利息由借款学生负担。

（5）基层就业国家资助：对中央部属高校应届毕业生，自愿到中西部地区和艰苦边远地区基层单位就业、服务期达到 3 年以上（含 3 年）的，补偿学费或代偿国家助学贷款，每生每年不高于 8000 元。地方高校毕业生学费补偿贷款代偿办法由各地参照中央政策制定执行。

（6）应征入伍服义务兵役国家资助：对应征入伍服义务兵役的高校学生在校期间缴纳的学费或获得的国家助学贷款，实施一次性补偿或代偿，对退役后复学的高校在校生（含高校新生）减免学费。资助标准每生每年不高于 8000 元。

（7）直招士官国家资助：对直接招收为士官的高等学校学生，入伍时对其在校期间缴纳的学费实行一次性补偿或对其获得的国家助学贷款实行代偿，每生每年不高于 8000 元。

（8）师范生公费教育：在北京师范大学、华东师范大学、东北师范大学、华中师范大学、陕西师范大学和西南大学六所教育部直属师范大学的公费师范生，免缴在校学习期间学费、住宿费，并补助生活费。地方师范院校师范生资助由各地自行实施。

（9）退役士兵学费资助：对退役一年以上、考入全日制普通高等学校的自主就业退役士兵，给予学费资助，每生每年不高于 8000 元。

（10）新生入学资助项目：对中西部地区高校家庭经济困难新生，一次性发放路费及短期生活费补助，省（区、市）内院校录取的每人 500 元，省（区、市）外院校录取的每人 1000 元。

（11）勤工助学：学校设置校内勤工助学岗位，优先向家庭经济困难学生提供。劳动报酬原则上不低于当地政府或有关部门制定的最低工资标准或居民最低生活保障标准。

（12）校内资助：学校设立校内奖学金、助学金、困难补助、伙食补贴、校内无息借款、减免学费等，利用事业收入资金以及社会团体、企事业单位和个人捐助资金实施校内资助。

（13）绿色通道：全日制普通高校建立“绿色通道”，对被录取入学、无法缴纳学费和住宿费的家庭经济困难新生，先办理入学手续，然后再根据学生实际情况，分别采取相应方式予以资助。

【实践活动】

一、活动主题

励志青春，自强人生。

二、活动宗旨

青春犹如燃烧的火焰，点燃万般激情；青春犹如跳动的音符，谱写人生的乐曲。如此美妙的青春，我们如何诠释呢？让我们用自己勤劳的双手为青春描绘出斑斓的色彩，为绚丽多彩的人生增添一幅画卷。

通过举办此次征文大赛，为我校学生提供一个尽情抒写心声的机会，繁荣我校勤工助学文化。

三、活动时间

2 周。

四、活动主体

全校同学。

五、活动实施

请以“励志青春，自强人生”为主题，写一篇反映大学生勤工助学、感恩社会的800～1000 字的作文。

第七章

践行社会责任，积极投身志愿服务

志愿服务作为社会文明发展程度的标志，对推动人类社会进步和发展具有十分重要的意义。随着我国改革开放进程的不断加快，大学生志愿服务逐步成为大学生接触社会、服务社会、走进社会的切入点。

赠人玫瑰，手有余香。参与志愿服务既是“助人”，亦是“自助”；既能“乐人”，同时也能“乐己”；既是在帮助他人、服务群众、贡献社会，也是在传递爱心、宣扬文化、传播文明。点点滴滴的善行义举是炎炎夏日的一缕缕微风，是潜入静夜的细雨，润物无声，默默点缀我们的生活，陶冶我们的心灵。

【教学目标】

1. 知识目标

（1）了解志愿服务的内涵和基本特征，了解成为注册志愿者的基本条件，了解志愿者的奖励机制。

（2）熟悉志愿者的权利与义务，认知志愿者的精神，了解参与志愿服务需要做的准备工作。

（3）了解成为一名志愿者需要掌握的服务技能。

2. 素质目标

（1）明白志愿服务的意义，并能在日常生活中自觉提高自身的修养，为参与志愿服务做好准备。

（2）在日常生活中自觉践行“奉献、友爱、互助、进步”的志愿者精神，积极投身志愿服务，为社会贡献自己的力量。

【案例导入】

“一支永不撤走的青年医疗队”

作为安徽省青年志愿服务品牌项目，青年卫生志愿者扶贫接力计划在推动优质医疗资源下沉、缩小城乡卫生资源差距、满足基层百姓健康需求等方面发挥了积极作用。从 1999 年开始，共青团安徽省委、安徽省卫生厅（现安徽省卫生健康委）着眼贫困地区实际医疗需求，共同开展青年卫生志愿者扶贫接力计划，公开招募省直、市直医院青年骨干组成服务队，赴基层开展医疗、预防、教学等志愿服务，形成定期轮换、长期坚持的接力机制，这在全国是首创。

健康扶贫，使命光荣，意义重大。一条条蜿蜒的山路、一趟趟颠簸的船行、一次次耐心的问诊……一批又一批青年卫生志愿者为偏远贫困地区的百姓送去健康常识、带去康复希望。青年卫生志愿者扶贫接力计划在 20 年共招募 28 期共 2061 名志愿者，前往 425 个基层卫生单位开展驻点服务。作为探索城乡统筹发展、提高基层医疗卫生服务水平的重要措施，该计划有效改变了基层贫困地区医疗卫生资源不平衡、不匹配的状况，助推了安徽省医疗扶贫事业的进一步发展。

他们被称为“大山中的 120”，为大山里的人们搭建更多条生命的坦途。

【想一想】

（1）你怎么看待“大山中的 120”？

（2）你参加过志愿服务吗？谈谈你对志愿服务的认识。

第一节 大学生志愿服务

志愿服务不是单方面的施予，也不是有大量空闲时间和有一定物质基础的人才能参与的，而是每个人都有参与的权利。我们要对参与志愿服务工作有一个全面而正确的认识。

一、志愿服务概述

志愿服务起源于19世纪西方国家，由“宗教性的慈善服务”发展而来。第二次世界大战以后，西方国家的志愿服务工作进一步规范化，并扩大成为一种由政府或私人社团所举办的广泛性的社会服务工作。志愿服务工作的重心不仅在于调整被救助者的社会关系和改善他们的社会生活，更在于调整社会结构与社会关系。志愿服务工作逐渐制度化、专业化。

我国的志愿服务活动是随着改革开放而发展的，开始于1978年。1993年底，共青团中央开始组织实施中国青年志愿者行动，中国志愿服务进入了有组织、有秩序的阶段。中国青年志愿者行动实施以后，志愿服务日益广泛发展，全社会对志愿服务的认知程度已大大提高。据不完全统计，2008年累计有超过506万名志愿者参加抗震救灾和灾后重建，170多万名志愿者直接服务北京奥运会。

《志愿服务条例》由国务院于2017年8月22日发布，自2017年12月1日起施行。《志愿服务条例》指出：“志愿服务是指志愿者、志愿服务组织和其他组织自愿、无偿向社会或者他人提供的公益服务”。开展志愿服务，应当遵循自愿、无偿、平等、诚信、合法的原则，不得违背社会公德、损害社会公共利益和他人合法权益，不得危害国家安全。志愿者，是指以自己的时间、知识、技能、体力等从事志愿服务的自然人。志愿服务组织是指依法成立，以开展志愿服务为宗旨的非营利性组织。

奉献精神是高尚的，是志愿服务精神的精髓。志愿者通过参与志愿服务，促进了社会的进步，同时自身能力、素质也得到了很大提升。

志愿服务的范围主要包括：扶贫开发、社区建设、环境保护、大型赛会、应急救助、海外服务等。志愿服务具有社会动员、社会保障、社会整合、社会教化、促进社会和谐、促进社会进步的功能。

【知识链接】

1985 年 12 月 17 日，第四十届联合国大会通过决议，从 1986 年起，每年的 12 月 5 日为“国际促进经济和社会发展志愿人员日”（International Volunteer Day for Social and Economic Development，简称“国际志愿人员日”）。其目的是，敦促各国政府通过庆祝活动，唤起更多的人以志愿者身份从事社会发展和经济建设事业。

二、大学生志愿服务概述

大学生作为我国青年志愿者群体的重要组成部分，对志愿者工作的有序开展有着积极的作用。大学生志愿服务的内容广泛、形式多样，主要就是指大学生群体在日常生活中，结合自身的所感、所想、所学，自愿走向社会，为社会提供服务的自觉性活动。大学生群体热衷于社会的公益事业发展，具有较高的思想道德觉悟，同时也能够在学有余力的情况合理安排时间，进而开展志愿服务工作。通常情况下，大学生志愿服务主要包括寒暑期支教、志愿者担当、关爱老人服务、科教文卫“三下乡”活动、国家最新政策普及等方面，这些都是大学生志愿服务的内容，都为社会的进一步发展奠定了重要的基础。

【拓展阅读】

一名 90 后“西部计划志愿者”的责任人

“生在井冈山，长在南泥湾，转战数万里，屯垦在天山……”突然响起的音乐让人想不到这是一个 90 后的手机铃声。

“这首《兵团进行曲》就是兵团人的真实写照，一听到这个歌我就很振奋。”他特意又播放了一遍，自豪地说。

他叫范亚菠，曾经是一名西部计划志愿者，而今，他选择扎根在祖国边疆。2013 年，大学毕业后的范亚菠抱着“出去看一看”的心态，签订了 3 年“西部计划”。因为专业原因，他被分到了新疆生产建设兵团十师北屯市，在新疆的最北部，寓意为兵团屯垦最北之地。十师北屯市位于中国唯一一条流入北冰洋的河流额尔齐斯河河畔，距离他的家乡安徽阜阳界首市有近4000公里。

“不能做一个逃兵”

北疆冬长夏短，5月到9月是难得的耕种和收获的季节，其余季节的蔬菜、物资长期依赖内地供应，冬季蔬菜有时比羊肉还贵。志愿者没有工资，每个月1900元的生活补贴只能维持日常支出，下馆子成了一件奢侈的事情。路途的遥远加上微薄的收入，让他每年回家的路费都需要家里支援。一个人独处的时候，范亚菠会特别想家，每当有动摇离开的念头时，他都这样说服自己：不能做一个逃兵，不能出尔反尔，签了协议就要言而有信，做人要有责任意识，至少也要坚持干完第一年。

工作中的范亚菠

“我想要留下来”

“然而，生活就像一杯美酒，需要慢慢品尝，才会发现它的美好！”随着时光的流逝，范亚菠改变了对北屯的看法。这里的人淳朴善良，路不拾遗，夜不闭户，人们安居乐业。在他的心里，兵团更像是一个移民的大家庭。范亚菠告诉记者，除了当年转业的军人，还有来自全国各地的支边青年、知识分子汇聚在一起。他丝毫没有进入一个陌生城市的疏离感，兵团人给予的亲人般的关怀和家的温暖，让他有了“想要留下”的念头。

新疆地处西北，气候较干燥。在度过第一周的兴奋期后，范亚菠的身体开始出现不适。他的同事黎湘淑主动把他送往医院，忙前忙后地照顾一周，才让他渐渐恢复过来。不仅如此，她考虑到志愿者生活苦，每个周末都会邀请他们到自己家做客，做上满满一桌子的饭菜，帮他们改善生活。

“为了减轻我的经济压力，她还请我给她的孩子做家教。当时我以为是自己的能力得到肯定，后来才知道，黎姐是湖南女兵的后代，黎姐爱人是上海知青的后代，以他们的学识水平，教育子女绰绰有余。”范亚菠对黎姐充满了感激。

“献了青春献终身，献完终身献子孙!”

在兵团服务的这两年，这句话让范亚菠多次落泪。兵团所有人都不是新疆本地人，大家来自五湖四海，不论是转业军人还是支边青年，他们在这里结婚生子，子孙们也成为追随者。

他坦言：“在去西部之前，我都不清楚共青团到底是做什么的，志愿服务期间，我补上了这门课。”他认为，只有了解后才谈得上是否热爱，耳濡目染的环境熏陶很重要，青少年的思想教育和价值观引领要从小培养。他很欣赏现在寓教于乐的研学旅游方式。

如今，选择参加西部计划的大学毕业生如雨后春笋，他们愿意到兵团甚至更加艰苦的地方历练自己，像范亚菠一样选择留下的支边青年也在逐年增加，现在已有近30%。有人认为，90后是缺乏责任感、张扬个性、生活比较自我的一代，范亚菠用自己的实际行动告诉世人，90后并不缺乏责任感。这是不为取悦他人而曲意逢迎、坚持自己的正确选择、勇于担当的新青年一代。

——资料来源：中国青年报 2019-10-10

第二节　大学生志愿服务的基本特征

不管是大学生寒暑假支教活动，还是青年志愿者扶贫接力计划；不管是关爱老人服务活动，还是大学志愿服务西部计划，这些都在某种层面上展现了青年大学生积极进取、乐于奉献的精神面貌。与此同时，大学生志愿服务活动在蓬勃发展中也逐步形成鲜明的特征。

一、自愿性

自愿性是大学生志愿服务首要的特征，主要是指大学生参加的志愿服务活动是非强制性的，志愿者参加活动的意志不受外界的制约，而是自由选择和自由决定的。一般情况下，大学生志愿服务活动都是在学生自愿报名的前提下，通过择优选拔和公开招聘的形式，对大学生个体进行了解并筛选录取，引导组织开展相应的服务活动。随着大学生综合素质的日益提升，大部分学生在参与志愿服务的过程中都是从自我的良知和同情心出发，以服务大众为己任，依托良好的社会责任感，积极参与到社会服务活动中。

二、公益性

公共利益事业简称“公益事业”，是有关社会公众的利益和福祉。大学生志愿服务的主要目的就是能够借助自身所学习的知识，帮助其他需要帮助的人，通过寒暑期支教、志愿者担当、关爱老人服务、科教文卫“三下乡”活动、国家最新政策普及、西部计划等活动给予需要帮助的人各种援助，体现了一种公益性。经济行为以追求利益为目标，而志愿服务体现的是无私地向社会提供服务，所以志愿服务与经济行为具有本质的区别。

【探索思考】

有人说，大学生志愿服务就是“三月里来，四月里走”，同学们都是凭兴趣参加。你认同这种观点吗？为什么？

____

____

____

____

三、组织性

在大学生志愿服务的领域中，团中央指导的大学生志愿服务组织总能及时部署安排，环节紧紧相扣，严密的组织程序，让被服务者赞不绝口，彰显了我国大学生志愿服务的组织优势，表明了我国大学生高涨的爱国情怀。目前大学生志愿服务更是依托高校共青团工作开展活动。

高校大学生志愿服务活动参加形式一般包括两种：一是大学生以个人身份参加的社会志愿服务活动；二是以高校内部相关单位为组织开展的集体志愿服务活动。从实际情况看，大学生志愿服务的组织性表现得更为明显，绝大多数大学生参加的还是依托高校平台组织开展的集体志愿服务活动。在高校共青团组织中，往往设置社会实践与志愿服务部门，由他们进行志愿者的招募动员、培训、使用、组织、激励，从工作机制到管理方法上都具有很强的组织性。

四、教育性

对于大学生而言，志愿服务活动不仅是一个实践平台，更是一个可以实现自我发展和自我教育的平台。大学生通过社会志愿服务活动，提高了自身的实践能力和实践水平，同时也实现了个人素质和个人阅历的提升。从某种意义上来讲，大学生志愿服务就是思想政治教育的一个方面，同时也是高校思政教育的重要形式，有助于促进社会良好风气的形成，有助于大学生良好道德品质和理想人格的养成。与此同时，大学生志愿服务能够让学生在发挥余热的同时体现个人的价值追求，提倡“互助、进步、奉献、友爱”的志愿精神，具有一定的教育性。

【拓展阅读】

在2019年清华毕业典礼上发言的研究生支教团女生

“我想用一年不长的时间，做一件终生难忘的事情。”

2019年7月7日上午，在清华大学2019年本科生毕业典礼上，从甘肃国家级贫困县走出来的大学生张薇，把上面这句话，坚定地告诉在场的几千位师生。她的决定让无数人佩服！

尊敬的各位老师、亲友、来宾，亲爱的同学们：

大家上午好！我是工业工程系的张薇，非常荣幸能够作为2019届毕业生代表在这里发言。几年前，因为清华园，我们遇见了彼此。不经意间，清芬园开张了，食堂的餐勺换了，学堂路两旁的树长出了新枝，我们也成长为了更好的我们。我总觉得我们这届学生是幸运的，我们共同见证了艺术博物馆的落成，看到了苏世民书院招收第一批学生，目睹了第一批00后进入校园，还认识了前不久发现的古墓“校友”……几年来的点点滴滴，在离别瞬间涌上心头。此时此刻，首先想说的还是感谢，谢谢所有关怀我们、鼓励支持我们的师长与亲友们，谢谢你们！

我来自甘肃镇原——一个黄土高原上的国家级贫困县，交通不便，教育资源有限，经济相对落后。犹记得第一次去省城参加物理竞赛实验环节，我甚至没有见过比赛所用的仪器，当我终于找到仪器开关时，实验时间已经到了。那是我第一次意识到不同地域的教育差异如此巨大，短暂的失落也在我心底埋下了改变家乡教育现状的种子。经过高中3年的拼搏，我幸运地成为这个园子里的一分子。

邱校长在开学典礼上就告诉我们：“清华学生要具有理想主义精神”，要“听从内心的召唤，突破现实的羁绊，追求有意义、有价值的人生目标”。4年的大学生活告诉我，实现人生目标的关键是：能坚持、有担当。坚持，就是身处低谷仍心怀希望，困难重重仍坚定前行。因为基础薄弱，我时常陷入自我怀疑。微积分作业要比别人多花三四倍的时间，竞选班长不成功，报名实践支队长也失败了，仰卧起坐100分只拿到了20分……《平凡的世界》里孙少平说：“一个平凡而普通的人，时时都会感到被生活的波涛巨浪所淹没。你会被淹没吗？除非你甘心就此沉沦！”

我们都曾经历各种各样的困难挫折，曾在漫漫长夜中苦苦思索，在无人的角落里放声大哭，但只要咬牙坚持，生活就会给你惊喜。后来，我参加了辩论赛，和小伙伴一起获得了“辩论好声音”的冠军；我的仰卧起坐及格了，当上了班长也开始指导实践支队，还顺利拿到了学业优秀奖学金。我没有辜负自己当时在日记中写的那句话：“无论如何，不许退缩，不许不努力，决不许放弃。”我们不会被困难打倒，咬着牙含着泪，也要坚持到最后一刻！担当，就是要铭记清华人的家国情怀，不忘初心，坚守理想。

2017年在甘肃特困镇殷家城的一间土窑洞里，我遇到了1位母亲和她的3个孩子。母亲不识字，父亲意外离世，家里只有一张桌子，没有台灯，但姐弟三人却学习得无比认真。我至今忘不了母亲的手足无措，忘不了孩子衣服上的破洞和眼睛里的光，我知道我应该做些什么。经过我们的努力，这个困难家庭最终得到了北京一家公益组织的长期学业资金支持。在过去4年里，我曾前往甘肃、云南、陕西、内蒙古等多个省份开展了8次公益实践。我开始意识到，清华人有责任去关注社会，我们的努力真的具有点燃星星之火的力量！

家国情怀体现在清华人坚定的毕业选择上。教育研究院的沈晓东学长在毕业后前往安徽省金寨县担任小学校长，致力于困境儿童的救助和教育；今天和我们一同毕业的来自新闻学院的仁增顿珠走出青藏高原后又坚定回去，毕业后将在藏北草原当一名基层工作者；还有法学院的胡凯，毅然从军入伍，誓要为强军梦贡献力量……在万千选择面前，他们放弃了外人眼中的“最优解”，跳出了生活的“舒适区”，走向了祖国最需要的地方。

我也始终记得曾经想为教育事业贡献力量的懵懂初心。推研成功以后，我决定延迟入学一年，加入清华大学研究生支教团。清华培养我们成为“肩负使命、追求卓越的人”，父母希望我不忘“饮水思源”，朋友们希望我做自己真正想做的事，而我想“用一年不长的时间，做一件终生难忘的事情”！

岁月不居，未来可期。我们不仅有坚定不移的决心，果敢刚毅的品格，更有家国天下的情怀和为理想不懈奋斗的一腔热血！我们永远不会忘记心底的热爱与热泪盈眶的感动。感谢清华给我们更加有力的翅膀去翱翔天际，我们将不忘初心，坚守信念，乘风破浪，直济沧海！

——资料来源：搜狐网 2019-07-16

第三节　积极参与志愿服务

2013 年 11 月，共青团中央颁布新修订的《中国注册志愿者管理办法》对于进一步规范注册志愿者管理工作，大力弘扬“奉献、友爱、互助、进步”的志愿精神，推动志愿服务项目化运作、社会化动员、制度化发展，深化青年志愿者行动具有重要意义。

一、志愿者的基本条件

新修订的《中国注册志愿者管理办法》对注册志愿者的基本条件作出了如下规定。

（1）年满十八周岁或十六至十八周岁以自己劳动收入为主要生活来源者；十四至十八周岁者，须经其法定代理人同意；未满十八周岁的在校学生申请注册的，按所在学校有关规定办理。

（2）具备参加志愿服务相应的基本能力和身体素质。

（3）遵守国家法律法规和注册机构的相关规定。

【拓展阅读】

如何在网上注册成为志愿者？

2017 年，全国志愿服务信息系统（以下简称“信息系统”）已通过民政部验收，正式上线，为实现志愿服务数据信息的互联互通、共享使用提供了便捷平台。

通过信息系统，社会公众可以便捷注册为志愿者参与志愿服务；志愿者可以参与自己感兴趣的志愿团体和项目，记录、转移、接续自己的志愿服务时间；志愿服务组织可以按照规范的流程发布项目、招募管理志愿者、开展服务，实现供需有效对接；党政管理部门可以全面了解志愿服务情况、开展数据决策分析。

二、注册程序

（1）申请人直接到开展志愿者注册工作的团组织、志愿者组织提出申请或通过网络、通信等方式提出申请，填写《志愿者注册登记表》。

（2）注册机构对申请人进行审核。

（3）审核合格，注册机构向申请人颁发注册志愿者证章。注册机构可根据实际需要，为注册志愿者编制本地管理服务号码。

三、激励和表彰

星级认证制度由省级团委、志愿者协会组织实施。注册机构负责具体认证工作，根据志愿者注册后参加志愿服务的时间累计，认定其为一至五星志愿者。星级志愿者认定后，可由相关注册机构在其注册证上进行标注，并佩戴相应标志。

（1）志愿者注册后，参加志愿服务时间累计达到 100 小时的，认定为“一星志愿者”。

（2）志愿者注册后，参加志愿服务时间累计达到 300 小时的，认定为“二星志愿者”。

（3）志愿者注册后，参加志愿服务时间累计达到 600 小时的，认定为“三星志愿者”。

（4）志愿者注册后，参加志愿服务时间累计达到 1000 小时的，认定为“四星志愿者”。

（5）志愿者注册后，参加志愿服务时间累计达到 1500 小时的，认定为“五星志愿者”。

同时，共青团中央、中国青年志愿者协会定期组织开展中国青年志愿者优秀个人奖、组织奖、项目奖评选表彰活动。

四、志愿者的权利与义务

（一）志愿者的权利

（1）参加志愿服务活动。

（2）接受相关的志愿服务培训，获得志愿服务活动真实、必要的信息。

（3）获得从事志愿服务的必需条件和必要保障。

（4）优先获得志愿者组织和其他志愿者提供的服务。

（5）对志愿服务工作提出意见和建议。

（6）相关法律、法规、政策所赋予的权利。

（7）可申请取消注册志愿者身份。

（二）志愿者的义务

（1）遵守国家法律法规及团组织、志愿者组织的相关规定。

（2）每名注册志愿者根据个人意愿至少选择参加一个志愿服务项目或活动，每年参加志愿服务时间累计不少于 20 小时。

（3）履行志愿服务承诺，完成志愿服务任务，传播志愿服务理念。

（4）自觉维护团组织、志愿者组织和志愿者的形象。

（5）在志愿者职责范围内，自觉维护服务对象的合法权益。

（6）自觉抵制任何以志愿者身份从事的营利活动或其他违背社会公德的活动（行为）。

（7）依法应当承担的其他义务。

【知识链接】

志愿者誓词

我愿意成为一名光荣的志愿者。我承诺：尽己所能，不计报酬，帮助他人，服务社会，践行志愿精神，传播先进文化，为社会进步贡献力量！

五、志愿者精神

志愿服务有着重要的价值，对个人与社会的发展起到了非常大的促进作用，志愿服务的精神概括起来是：奉献、友爱、互助、进步。

（一）奉献

“奉献”原指恭敬地交付、呈献，即不求回报地付出。奉献精神是高尚的，是志愿服务精神的精髓。志愿者在不计报酬、不求名利、不要特权的情况下参与推动人类发展、促进社会进步的活动，这些都体现着高尚的奉献精神。

（二）友爱

志愿服务精神提倡志愿者欣赏他人、与人为善、有爱无碍、平等尊重，这便是友爱精神。志愿者之爱跨越了国界、职业和贫富差距，是没有文化差异，没有民族之分，没有收入高低之分的平等之爱，它让社会充满阳光般的温暖。

（三）互助

志愿服务包含着深刻的互助精神，它提倡“互相帮助、助人自助”。志愿者凭借自己的双手、头脑、知识、爱心开展各种志愿服务活动，帮助那些处于困难和危机中的人们。志愿服务者以“互助”精神唤醒了许多人内心的仁爱和慈善，使他们付出所余，持之以恒地真心奉献。“助人自助”帮助人们走出困境，自强自立，重返生活舞台。受助者获得生活的能力后，也会投入到关心他人、帮助他人、为社会做贡献的志愿活动中，这些志愿活动都涵盖着深刻的“互助”精神。

（四）进步

进步精神是志愿服务精神的重要组成部分，志愿者通过参与志愿服务，使自己的能力得到提高，同时促进了社会的进步。在志愿活动中无处不体现着“进步”的精神，正是这一精神使人们甘心付出，追求社会和谐之境的实现。

【拓展阅读】

赞志愿者精神

在这样一个时代里，有这样一群人，他们不求回报，甘于奉献，他们的足迹遍布大江南北，他们的身影活跃在扶贫帮困、扶弱助残、救灾抢险、环境保护、社区建设等各个领域。他们有一个响亮的名字，那就是——志愿者；他们高举着一面旗帜，那就是“奉献、友爱、互助、进步”的志愿者精神。

在参与志愿服务过程中，志愿者们付出了自己的汗水，为社会和他人提供了帮助；与此同时，他们的能力得到了锻炼，他们的精神获得了满足，他们的思想得到了升华。这正体现了志愿者精神中的“进步”二字。特别是当今社会，时代需要志愿者精神，也需要更多的志愿者。衷心希望在不久的将来，能和更多志同道合的朋友们在志愿者精神的引领下庄严宣誓：“我愿意成为一名光荣的志愿者。我承诺，尽己所能，不计报酬，帮助他人，服务社会，践行志愿精神，传播先进文化，为社会进步贡献力量。”欢迎各位加入我们的志愿者团队，共同服务社会，提升自己。

有人认为，做一名志愿者很简单，准点上岗、态度好就可以了。你认同这种观点吗？你是怎么认识志愿者精神的？你愿意奉献爱心、回报社会，做一名光荣的志愿者吗？

六、志愿者标识与志愿者日

注册志愿者标识（通称“心手标”）的整体构图为心的造型，又是英文“Volunteer”的第一个字母“V”的形状设计，红色；图案中央是手的造型，也是鸽子的造型，白色。标志寓意为中国志愿者向社会上所有需要帮助的人们奉献一片爱心，伸出友爱之手，表达“爱心献社会，真情暖人心”和“团结互助、共创和谐”的主题。

中国青年志愿者标识

【拓展阅读】

中国青年志愿者服务日

中国青年志愿者服务日，是每年的 3 月 5 日。

团中央、中国青年志愿者协会下发通知，自 2000 年开始，把每年的 3 月 5 日作为“中国青年志愿者服务日”，组织青年集中开展内容丰富、形式多样的志愿服务活动。

志愿者口号：“爱心献社会，真情暖人心”

志愿者精神：“奉献、友爱、互助、进步”

【拓展阅读】

志愿者把“专业技能”捐赠到战“疫”中

疫情是一场特殊的“大考”，它残酷而真实地反映出社会方方面面的“知识”积累，也倒逼所有人拿出快速学习的能力去面对未知的“题目”。

在这场“考试”里，志愿服务展现出力量。无论是积累多年救援经验和协同网络的社会组织，还是医学专家、心理咨询师、医学生等有专业技能的个体，都将“专业技能”作为一种特殊的物资，“捐赠”到防控疫情的战斗中。

罗雯是嘉兴学院南湖学院2019级护理专业毕业生，2020年春节期间正在家乡四川眉山准备考研复试。1月底，她接到了团眉山市委的志愿者招募电话。23岁生日那天，这位高高瘦瘦的姑娘生平第一次把自己装进了闷热的防护服。

罗雯站在四川大学华西医院眉山医院的车辆入口处，不管刮风下雨，严格对每一个进入医院的人进行预检分诊、测量体温、询问流行病学史，这是医院的第一道防线。春节假期，每天来医院的车辆数以千计，罗雯和医院的工作人员常常一站就是5个小时，一直询问，还不能喝水，因为上厕所会浪费防护服。

罗雯每天早上6点半起床，再坐40分钟的公交车到医院上岗。她说：“让我捐钱捐物资不行，我又没什么财力，但是作为医学生，国家培养我这么多年，这个时候就该去尽一分力。”

医院门口的保安夸她有觉悟时，她想起之前一位老师说过的话，你需要“多一分不为什么的坚持”。

用专业能力进行志愿服务的大学生不止罗雯一个人。

成都体育学院英语专业大四学生钟珊因身患残疾腿脚不便，无法出门做志愿服务。2020年2月初，依托成都翻译协会，钟珊找到了用武之地：每天从事疫情方面的涉外宣传、涉外医学资料、涉外人员对接等中英翻译、校对工作。

沈阳医学院临床医学专业大五学生方豪阳也在眉山医院普通门诊做预检分诊工作。由于之前人工排号有时会叫错顺序，患者情绪很大，方豪阳就自己设计了一款表格，帮助解决了问题。

据团眉山市委青年发展部部长李珂介绍，眉山市医学生青年志愿者服务队是眉山防控一线的核心志愿者。令李珂感到惊讶的是，当时发出倡议是很急迫的。但是农历大年初五发布短信倡议并通过电话确认后，3天内就有575名医学生投身志愿服务队伍。

李珂说，这些志愿者有一定的专业素养，能在筛查病人、预检分诊中起到实实在在的帮助，“有些连续工作好多天，还有需要根据安排临时轮换岗位的，这些‘准’00后、00后医学生志愿者都没有任何异议，也没有人抱怨工作累”。

第四节　积极提升志愿服务技能

随着社会进步，人们对于志愿服务的形式、内容和服务质量都提出了更高的要求，对于提高志愿者具备的志愿服务技能的要求，是志愿服务逐步走向成熟的必然，只有这样，才能使受助对象得到最有力的帮助，同时，也可以根据志愿者每个人的特长，让每个人的特长在志愿服务中得到有效发挥。一名合格的志愿者需要具备多种技能，主要有以下几方面。

一、文明礼仪

中华民族素以“礼仪之邦”称誉于世，每个中华儿女都应该知礼、懂礼、习礼、达礼。具备一定的文明礼仪知识和技能，是志愿者开展服务的基础。

（一）基本礼仪

1. 仪态礼仪

仪态是指人在行为中表现出来的姿势，主要包括站姿、坐姿、步态。

得体的站姿基本要点是：双腿基本并拢，双脚呈 45 度到 60 度夹角，身体直立，挺胸，抬头，收腹，平视。在不同的工作场合可以根据自身条件选择合适的站姿，例如外交官式站姿、服务员式站姿、双手背后式站姿、体前单屈臂式站姿等。

得体的坐姿基本要点是：上身挺直，两肘或自然弯曲或靠在椅背上，双脚接触地面（跷脚时单脚接触地面），双腿适度并紧。在不同的工作场合可以根据自身条件选择合适的坐姿，例如正襟危坐式、大腿叠放式、双脚交叉式、前伸后屈式等。

得体的步态基本要点是：抬头挺胸，上身直立，双肩端平，两臂与双腿成反相位自然交替甩动，手指自然弯曲，身体中心略微前倾。

2. 仪容仪表礼仪

仪容仪表是指一个人呈现出来的外观，通常是指这个人的外部轮廓、容貌、服饰和举止的总和。静态礼仪最重要的组成部分是仪容仪表礼仪中的容貌，也包括化妆。

3. 体态礼仪

体态礼仪当中主要是指表情，表情礼仪是人们对目光和笑容两方面的礼仪规范，表情礼仪的总体要求是热情、友好、轻松、自然。

基本礼仪包括很多方面，除了上面谈到的几方面内容，还有手势语礼仪、安全空间礼仪、迎宾礼仪、座次礼仪等。

二、突发事件应对技能

志愿者在服务过程中随时都有可能遇到突发事件，突发事件如果处理不当，则会非常容易酿成一场危机。志愿者在面对突发情况时，需要镇定自如、保持清醒的头脑，并迅速与应急部门取得联系。熟悉掌握 110 公共事件应急要点、119 火灾应急要点、122 交通事故应急要点、120 医疗急救应急要点等知识和操作技能，除此之外，还要掌握中暑事件、食物中毒事件、休克事件、触电事件、溺水事件等一些比较常见的突发事件的应急要点。

三、志愿者心理技能

（一）沟通技能

沟通技能是指通过语言和非语言进行自我表达和与人沟通的能力，沟通时应持有接纳、理解和真诚的态度，在沟通过程中学会使用一些沟通技巧，时刻注意观察对方的性格特点和情绪变化，切记不要提出让人难以回答或者带有批判性的问题，不要问及带有私密性质的问题。

（二）情绪管理

在日常生活中，我们的情绪会受到各种环境、各种人和事物的影响，同时，我们的情绪也会影响周围的人和事。作为志愿者，我们需要学会管理和控制自己的情绪，不能将自己的一些负面情绪带给服务对象。

常见的负面情绪有：抑郁、愤怒、焦虑、恐惧、悲伤、自卑、自责、愧疚等。面对这些负面情绪，志愿者需要用正面、积极、乐观的方法和态度去应对。敢于直面自己的问题，尝试换一种角度去看待问题，学会宽容他人，同时也学会宽容自己，必要时寻求他人的帮助等，都是更好地进行情绪管理的途径。

【实践活动】

“党团共建，青老互动”结对帮扶志愿活动

为培养青年大学生敬老爱老的传统美德，表达青年大学生对退休教师的深切关心和祝福，各二级学院团委组织开展青年大学生关爱退休教师“一对一”结对帮扶活动，通过此活动，践行社会主义核心价值观，把青年大学生的关爱送到退休教师身边，有效开展为老助老帮扶工作和志愿者关爱服务活动。

通过对退休老教师需求进行登记和服务，建立特殊人群基本情况档案，重点对学校退休空巢独居教师、身体残障教师、年老重病教师、家庭困难教师情况进行全面排查了解，将家庭情况、健康状况、联系方式等情况登记造册，做到不漏登、不错登。各学院团委带领学生与离退休教师对接，通过党建交流、思想沟通、联系互访、志愿服务、结对帮扶、文体联谊等途径和方式，开展党团共建活动。

利用老教师丰富的人生阅历和生活经验，帮助退休教师用开讲座、做咨询等方式，帮助青年解除学习、工作以及生活中遇到的困惑和疑虑，帮助他们更好地认识专业、思考个人发展和成长。让团员青年发挥青春的活力，帮助退休教师做力所能及的事情和做好亲情陪护。

结对帮扶小组联系人定期主动与退休教师联系，采取家中走访、电话联系等多种方式，对空巢独居老人每半月慰问一至二次；对空巢独居老人每月至少上门看望一次。准确了解其生活情况，及时反馈，并做好记录。

发挥青年学生志愿者作用，利用重阳节等传统节日定期开展“志愿服务日”和“温暖到家”等服务活动，对退休教师普遍的需求与特殊需求进行集中帮扶，适时为退休教师提供个性化服务，帮助解决退休教师的实际困难。

建立服务登记制度，认真填写志愿者服务帮扶活动记录卡，及时完备各种帮扶服务资料与图片等文档。加强对志愿者的管理和培训，定期对服务活动开展总结评比，不断提高服务水平。每次活动填写《关爱退休老职工情况调研表》，了解退休职工的实际困难，收集退休教师对学校发展的意见和建议，团委将及时汇总和反馈给相关部门和领导。

各学院团委负责制定具体活动方案，学校团委每学期对结对帮扶方案落实情况和活动实效进行考核。团委每学期至少邀请退休优秀党员教师为学生党员和青年团员上一次党课，联合退休教师开展一次主题党团日活动。

各学院团委成立志愿服务队，组织学生每个月至少去退休教师家中进行一次拜访，了解老教师的生活情况，帮助他们做一些力所能及之事；条件允许情况下，利用休息时间与退休教师进行互动活动（包括与退休教师谈生活、兴趣爱好以及生命历程，陪退休教师到室外散步或进行低强度的体育锻炼等）。

志愿服务队在进行看望前务必对自己组对应的退休教师的基本情况做好充分的了解，以便更好地完成工作；在活动过程中，不干扰到退休教师的正常生活，注意保证退休教师及自己的人身安全；自觉遵守纪律，注意言行要符合青年大学生的身份。

教师可参考下表对“党团共建，青老互动”结对帮扶志愿活动的情况进行评价。

评价标准	分　值	分数小计	教师评价
活动策划结合主题	20 分		
活动完整、考虑全面	30 分		
活动策划合理、可行	20 分		
活动形式新颖、有创意	15 分		
个人积极参与策划过程	15 分		

第八章

高校劳动教育实践典型案例

一、西安电子科技大学劳动教育实践特色基本介绍

2018 年 11 月，西安电子科技大学成立全国高校首个大学生劳动教育实践基地——“红色筑梦”劳动教育实践基地，随后相继建立多个红色劳动教育实践基地。除此之外，在学校出台的《本科生弘扬劳动精神实践活动实施方案》中还提出很多创新性的劳动实践方式。

（一）校园公共区域卫生包干责任制

2018 年 11 月，为贯彻全国教育大会精神，加强学生劳动精神教育，引导学生积极参与生产劳动，树立崇尚劳动、尊重劳动、热爱劳动的理念，西安电子科技大学的本科生院、书院联合后勤保障部门在 2018 级新生、高级党校学员中试点实行校园公共区域卫生包干责任制，对学校海棠餐厅、新生宿舍楼周边公共区域进行卫生清

扫，每周周一至周五分别由高级党校学员以及海棠 7 号、8 号、9 号书院学生对负责的卫生责任区开展垃圾扫除工作。

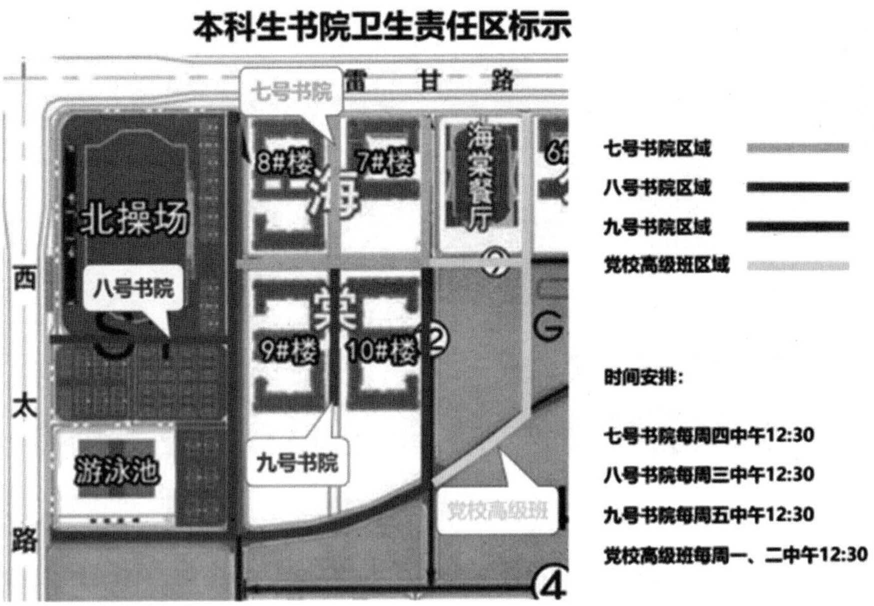

西安电子科技大学书院卫生责任区标示图

校园公共区域卫生包干责任制度是西安电子科技大学创新劳动教育的重要举措之一，包干制度逐步在全校的范围内推广并长期执行，逐步培养学生劳动意识、提升劳动能力。此外，学校还出台《本科生弘扬劳动精神实践活动实施方案》，加强劳动精神的宣传教育，创新劳动实践的方式方法，具体举措包括邀请社会上的大国工匠、社会劳模开展校园活动，让学生近距离感受工匠精神和劳模精神；开展“四好文明宿舍”创建评比工作，促使学生管理好自己的“一方天地”；设立劳动专项奖学金，发挥“指挥棒”作用；建设校外劳动实践育人基地，组织学生参加劳动实践活动等，旨在教育引导学生崇尚劳动、尊重劳动、热爱劳动，懂得劳动最光荣、劳动最崇高、劳动最伟大、劳动最美丽的道理。

（二）成立劳动教育实践基地

2018 年 11 月 17 日，西安电子科技大学在陕西省延川县梁家河成立全国高校首个大学生劳动教育实践基地——“红色筑梦”劳动教育实践基地。

学生在“八办”参观、学习留影

2019 年 5 月 30 日，西安电子科技大学人工智能学院党委书记魏峻与党委副书记高晖带领学院预备党员、入党积极分子到八路军西安办事处（以下简称“八办”）参观、学习，共商建设大学生劳动教育实践基地。学院以“八办”劳动教育实践基地为依托，丰富思想政治教育形式与内容，常态化、制度化组织学生骨干来此学习、实践，充分利用“八办”红色资源，深入开展红色文化教育，坚定大学生听党话、跟党走的理想信念。

大学生劳动教育实践基地

2019 年 12 月 16 日，通信工程学院党委副书记于海涛，辅导员韩鹤林与通信工程学院团委代表一行赴长安区宫子村村委会进行沟通交流，共议建设大学生劳动教育实践基地，以促进当代青年扎根中国大地，服务基层，通过劳动实践为国家乡村建设添砖加瓦、贡献力量。学校 2019 年 4 月邀请学校后勤保障部园林绿化专家、园艺大师赵红军副教授入驻书院开展为期一个月的系列“弘扬劳动精神”专题培训和讲座。学校于 2019 年 11 月建成集绿植培育、移栽补植、养护修剪为一体的劳动教育实践基地。用系列劳动实践实操活动，引导同学们逐步认识并深化劳动的内涵和意义，并在劳动过程中形成尊重劳动、团结协作、克服困难、不断创新等实践性思维，进而思想情感得到升华，铸造了健全人格。

“弘扬劳动精神”专题讲座

专题实践培训

（三）居家抗疫，以劳明德

新冠肺炎疫情期间，西安电子科技大学同学们积极行动，通过各种形式参与到疫情防控工作中，在社区志愿服务站，在乡村防控检查点，在网络新媒体平台，都活跃着他们的身影。按照学校关于疫情防控期间学生教育管理的相关要求，结合学院“三全育人”综合改革实施方案，空间科学与技术学院团委发布倡议书，引导学院广大团员青年在疫情期间继续保持居家状态和正常学习生活，提升个人修为，巩固专业知识，进行体育锻炼，体悟生活美好，参与家务劳动，保持身心健康，努力将自己塑造成为德智体美劳全面发展的社会主义建设者和接班人。倡议书发布后，空间学院学子积极响应，学习生活“不打烊”，全面发展不掉队，纷纷成为“居家劳动小能手”。

西安电子科技大学空间科学与技术学院倡议活动

二、宁波财经学院劳动教育实践特色基本介绍

自 2013 年起，宁波财经学院开始着力探索社会实践路径，努力将劳动教育与大学生社会实践、志愿服务活动相融合，建构“全员化参与、课程化改革、项目化管理、社会化运作、精品化推进”的全链条式“五位一体”大学生社会实践育人模式，主要

是通过组织志愿活动来进行。该校的志愿服务项目——“喜憨儿”圆梦行动，主要围绕智力精神障碍群体开展心理关爱、教育帮扶、阳光义卖、素质拓展等活动。

2020 年，宁波财经学院连续两年志愿服务时长位居宁波市高校第一名；全年大学生志愿者献血总量全市高校第一名；浙江省委副书记、宁波市委书记郑栅洁批示：“两个第一”的成绩，非常了不起。这是宁波财经学院重视劳动教育，常态化组织搭建志愿服务活动平台，支持青年大学生深入城乡社区、福利院和公共场所等参加志愿服务，开展公益劳动，参与社区治理交出的成绩单。

如何将“劳动教育”融入人才培养体系，常态化地开展劳动教育？这是当前学校教育正在探索解决的问题。宁波财经学院依托应用型建设试点示范学校平台，坚持将实践育人的重点落到“知行合一”上，把大学生社会实践、志愿服务等作为劳动教育融入了高校人才培养体系。“大学生四年参与志愿服务必须满 30 个小时”“结合专业学习，在校生须完成个人社会实践项目 1 次、团队社会实践项目 1 次”……这些要求被写入了宁波财经学院的人才培养体系。通过“第二课堂”成绩单制度量化实践育人 4 个学分，同时着力提升实践育人专业化水平，进而实现学生全面而有个性的发展，让教育回归本质，助力学生成长成才。

宁波财经学院学生参加无偿献血活动

学校按照分散与集中管理相结合的方式，支持和鼓励学生发扬劳动精神，参与公益劳动服务，增强学生的创新意识和实践能力。通过公益劳动项目的申报、运行、服务以及驱动，培植学生“辛勤劳动、诚实劳动、创造性劳动”的意识。而基于校政、校地、校企合作，建立志愿服务实践基地，常态化提供项目菜单式服务，品牌化、精品化推进志愿服务活动，则是将志愿服务项目从“输血型”向“造血型”转变，打造有一定影响力的品牌项目，实现“公益创业项目”转向。

学校学生参加志愿服务活动

截至 2020 年，该校有一个持续了 8 年志愿服务项目——“喜憨儿”圆梦行动。主要围绕智力精神障碍群体开展心理关爱、教育帮扶、阳光义卖、素质拓展等活动。他们以日间托养为主要运营方式，实行政府倡导、社会参与、民间组织独立运作的模式，主要为 16～45 周岁、处于就业年龄段的中轻度智力和轻度精神残疾人提供医疗康复、生活自理能力教学、简单职业技能培训等服务，以促进残疾人平等融入社会。

该育人模式施行以来，学校形成了文明城市建设类、地方产业培育类、美丽乡村建设类、文化艺术辅导类、思想理论宣讲类、生态环境保护类等 6 大类 123 个志愿服务团队。通过社会实践的历练，将社会实践与志愿服务、调查研究、科技创新、创业实践相结合，形成全链条式的成果育人导向。通过社会实践，走出了一批获得学科竞赛奖的学霸、返乡创业成功的大学生创业明星、热心公益的“最美”志愿者、扎根边疆的西部志愿者、热衷地方戏的戏曲演员等。截至 2020 年，该校登记注册的志愿者有 18860 人，每年新生在宁波 We 志愿服务平台上实现全员化注册，推动全校大学生参与志愿服务全覆盖；结合思想政治理论课关于“感恩、奉献”为主题的理论实践教学以及纪念雷锋日等重要纪念活动的举办，实现志愿服务引领大学生思想的全覆盖。

三、南京审计大学劳动教育实践特色基本介绍

南京审计大学依托信息化手段，创新劳动教育模式，实施知行合一的思想政治教育。学校构建了教务、总务、学务三部门协同、学生线上线下联动参与的劳动实践课程体系；以全员育人、全方位育人、全过程育人理念为指导，确立了具体实践目标。

这一创新探索，提高了学生的参与度和兴趣，促进了师生关系的和谐，使学生获得多方面的成长。

2014 年，南京审计大学在全体本科生范围推行书院制，依托地理位置设立润园、泽园、澄园、沁园四个书院，探索书院制育人模式。为了在书院制背景下探索思想政治教育的有效路径，学校在顶层设计中推出了强化思想政治课实践环节的重要措施——开设单独的劳动实践课，运用信息化手段，创新学生的劳动教育，实施知行合一的思想政治教育模式。

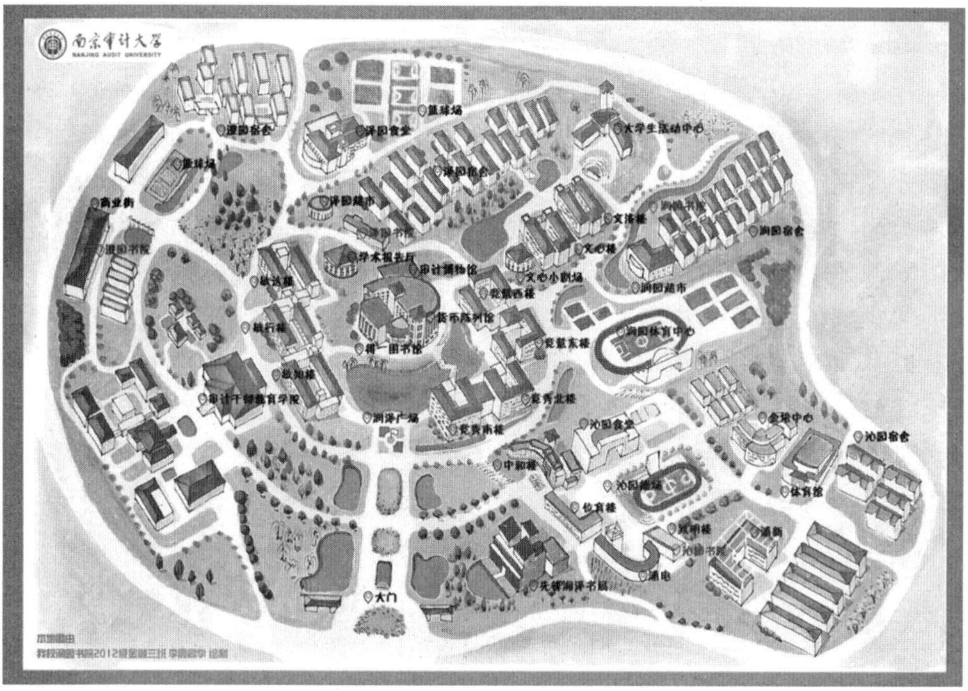

南京审计大学书院制手绘地图

2017 年，南京审计大学大力推动实施劳动教育实践课程，面向 2017 级 4000 名一年级新生开设劳动实践课，借助信息化手段开展劳动课程管理，取得可喜效果。该课程设计为 9 课时、1 个学分，教学周期为第 6 周至 18 周，授课时间为周一至周四早晨 7:00—7:40。学生按照规定的时间上课，以书院班级为单位，由辅导员和劳动实践指导教师带领，在校内指定区域进行室外卫生清扫、绿化养护等劳动实践活动，完成课时规定的劳动实践和书面作业，经考核合格，取得相应的成绩和学分。通过劳动实践课程，学生以理论学习的收获为基础，进一步增强课堂知识学习的效果，在实际操作中加强实践锻炼，培养自身劳动技能，养成文明意识；培养吃苦耐劳思想，磨炼意志品质；培养团队协作精神，提高自我管理能力；培养爱校情结，共同建设美丽校园。

学校依托信息化手段进行劳动教育课程管理，主要包括三方面工作。其一，开发信息化管理平台。为了做好面广量大的劳动课教学管理工作，学校总务部门依托“微总务”微信服务号，专门开发了劳动实践课信息管理系统，将4000名学生的基本信息存储在后台。其二，全流程信息化管理。学校依托微信平台对劳动实践课的学生签到、劳动效果评价、成绩评定、重修补考等环节实施全流程的信息化管理。上课周期结束后，由学校学务和总务部门组成的劳动实践课程工作小组汇总相关数据，结合各分组的课程响应、完成情况和劳动心得进行课程分数判定。对于未达到标准的学生，学校将其编入下期劳动实践课，以确保每位学生都能完整参与该课程。其三，线上线下联动指导学生。辅导员及劳动指导教师联动指导管理学生。跨部门的劳动实践课工作小组由所有劳动班级的辅导员和总务物业保障中心负责人员组成。劳动期间，辅导员通过线上跟踪学生按照手机定位签到的上下课情况，反馈学生通过手机上传劳动场景和成果照片的效果，督促学生提交电子版劳动心得和劳动成果照，协同总务部门指导教师给予学生评定成绩等。

学校通过这样的育人模式，让学生通过劳动实践领悟生活世界，获得终身受益的能力；运用新媒体技术开展劳动教育，提高了教育的吸引力、说服力和感染力；劳动教育使学生的劳动认识、政治素质、交往能力、创新能力、合作观念明显提高。

四、天津大学劳动教育实践特色基本介绍

天津大学围绕落实立德树人根本任务，坚持“五育并举”，充分挖掘劳动教育在树德、增智、强体、育美等方面的育人价值，推动课堂教学与实践活动贯通融合，探索构建劳动教育新模式，努力培养德智体美劳全面发展的社会主义建设者和接班人。以劳动教育引导学生“会劳动”；以专业实践锻炼学生“能劳动”；以文化浸润激励学生“爱劳动”。开展多项创新性的活动，例如打造“后勤大课堂”；实施“青苗工程”“通行计划”；连续开展“兴学之路”劳动实践项目；开荒责任田等。在抗疫期间，积极组织开展居家劳动教育实践活动。

（一）全方位推进校园劳动教育

学校以劳动教育引导学生“会劳动”。修订完善本科生培养方案，将劳动教育纳入家国情怀通识教育必修课程体系，引导学生树立正确劳动价值观。利用“北洋学堂”网络教学平台资源，采取“慕课”、翻转课堂、微课堂等方式讲好劳动教育类课程。建设劳动课程基地，打造“后勤大课堂”，建设生活技能、绿色节能、餐饮文化、商业经营、青春健康五大系列课程，加强生活劳动教育，引导学生树立“懂生活、会生

活、爱生活”的价值观念，掌握劳动技能，促进全面发展。开展体验式劳动教育，整合校内外资源建立“劳动体验站”，鼓励学生参与田间劳动、校园美化、校舍净化等活动，选派导师指导学生进行劳动实践，让学生在亲身体验中涵养“劳动最光荣、劳动最崇高、劳动最伟大、劳动最美丽”的价值观念。

学校以专业实践锻炼学生“能劳动”。开展产学研结合的劳动实践，立足新工科建设，在专业教育中融入劳动实践教育。统筹生产实习、机械工程训练基础等实践环节，贯通工程研究中心、“双创孵化器”等教产研学平台，由企业人员指导学生进行劳动项目实践，探索“智慧劳动”“创造性劳动”“人机协同劳动”等实践，促进知识学习和劳动实践深度融合。深化“创新创业+劳动教育”实践，完善其课程设置，依托“搭伙”众创空间、创新实验室等双创平台，增设本科生自主科研、大学生创新创业训练计划劳动实践子课题；以“互联网+”“未来三十年颠覆性创新创想大赛”“学科竞赛”等活动为抓手，引导学生在劳动中培育进取创新精神。推进行业劳动实践，聚焦国家重点地区、重点行业、重点单位，实施“青苗工程”“通行计划”，鼓励更多优秀学生主动服务于国家重大战略需求，组织在校生到基层党政机关实习实践，加深学生对基层工作的认识，学校每年参与行业劳动实践人数近 2000 人次。

学校以文化浸润激励学生“爱劳动”。开展“自强之星”“劳动模范班”“文明示范宿舍”“最美后勤人”等评比活动，选树先进典型，弘扬劳动精神。举办“奋斗青春最美丽”“薪火相传，匠心筑梦”教育活动，加强正向引导，打造“爱劳动”的校园文化。组织“学雷锋”“劳动美·奋斗情·家国梦”志愿服务等社会公益活动，引导学生践行社会主义核心价值观。连续几年开展“兴学之路”劳动实践项目，不断加大扶贫类劳动实践的力度与频次，截至 2019 年 11 月，已组织 1200 余名师生深入全国 50 余个国家级贫困村，建设“北洋梦想教室”58 间，一对一帮扶留守儿童 108 名。推进全员育人，明确各单位育人职责，制定不同岗位育人目标，倡导管理服务人员当好“不上讲台的老师”，增强学校各类群体合力推动劳动育人工作的自觉性和责任感，注重言传身教，凝聚劳动育人合力。其中，该校“劳动美·奋斗情·家国梦”主题教育活动的重要环节之一是“开荒 10 亩‘责任田’，由学院自己承包，学生自己种地收菜分粮”，在学校学工部、后勤保障部的精心策划和组织下，将空地分给 6 个不同的学院“承包”作为责任田。各学院分别确立劳动队长，并聘请专业的劳动导师，指导学生们自主种植、打理、收获。来自 6 个不同学院、不同年级的学生轮流参与劳动教育，包括毕业生和新生在内的多批学生得到锻炼，形成传承。

学生自己种地种菜

收获的粮食将由参与种植、打理的 6 个学院师生免费食用。这些粮食将由这些学院自主使用，其中一些学院打算依托学校食堂煮好这些粮食，免费分发给学生，比如智算学部则将粮食装箱放好，放在学院供师生自行拿取、品尝。此外，机械工程学院师生还带着部分劳动果实前往基层社区，看望困难户。很多同学在参加完这些活动之后，都直言这些活动对他们而言充满创新性和挑战性，看着被摘过的枝干堆成一人高的样子，心中满是成就感，同学们认为这种劳动体验对于大学生而言很有必要，这种劳动品质应该在大学生中传承下去。

学生劳动教育成果大丰收

（二）天大学子“宅”家不“宅”身，劳动教育进行时

在全国上下万众一心，众志成城，为坚决打赢疫情防控阻击战共同努力之际，结合学校“三全育人”“五育并举”的人才培养综合改革方案，天津大学学工部和各学院广泛组织学生开展居家生活劳动、社会公益劳动和专业实践劳动，鼓励学生淬炼劳动精神，增进身心健康，坚持提升自我。天大学子积极响应学校号召和倡议，学习生活不打烊，全面发展不掉队。

“学会居家生活劳动，感悟生活之美”。为了号召更多学生参与，学工部发布《关于号召全体同学在疫情期间开展居家劳动的倡议书》，呼吁全体学生在保持居家状态的同时，正常开展学习生活，进行居家劳动。各学院通过网络平台广泛开展“五育达人挑战赛”“厨艺大比拼”“家务打卡”等线上活动，用趣味十足的打卡闯关形式，督促学生养成居家劳动习惯，展示优秀劳动作品，树立劳动最美新风尚。

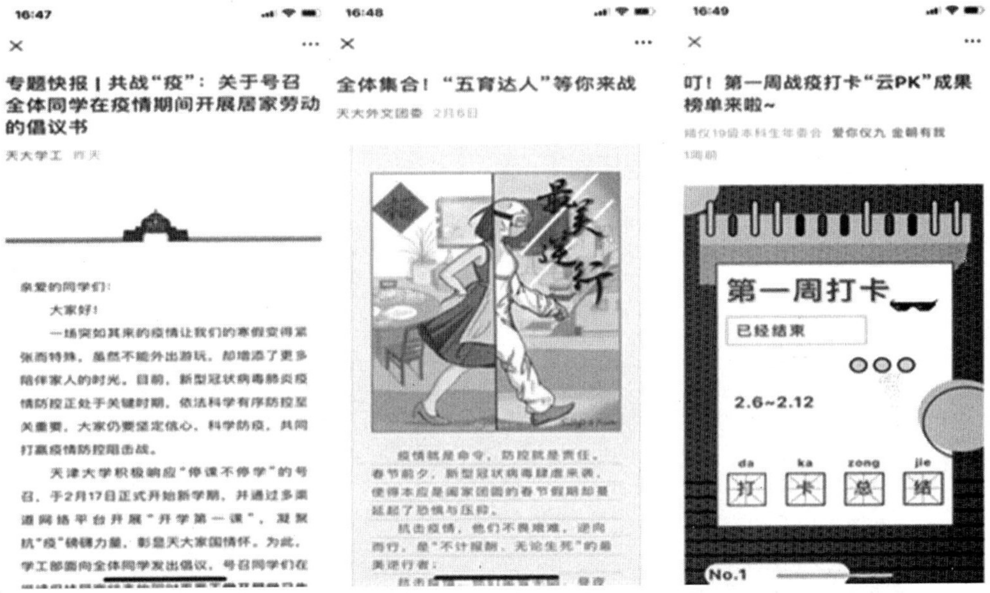

学生居家劳动线上活动

不少学生也抓住这个居家的绝佳时机，学习编织、剪纸等传统劳动技艺，激发创新思维，增进生活乐趣。“停课不停教、停课不停学”，为了帮助学生在疫情防控期间综合发展，鼓励每一位“宅”在家的学生健康生活，学工部联合各开课单位精心设计了“居家生活劳动实践”“科学与烹饪”等 7 门劳动教育相关的线上课外实践教育课程。部分辅导员也化身“美食博主”和“私家教练”，身体力行，教授烹饪技巧或家务知识，带领学生共同劳动。家务整理、美食烹饪，同学们在这些简单而普通的生活劳动中形成了健康有序的生活行为习惯，不仅提高了生活品质，也感悟到了劳动之美。

学生居家厨艺展示

“践行社会公益劳动，涵养家国情怀”。新冠肺炎疫情时刻牵动着全国人民的思绪。天大学子也始终关注着疫情进展，积极投身家乡战“疫”志愿服务劳动，宣传科学防疫知识、为医护人员子女提供公益家教……勇于承担时代责任，把“小我”融入“大我”，躬身实践，把这场疫情转化为凝心聚力的自觉，转化为爱国奉献的行动。

学生担当抗疫志愿者

“深化专业实践劳动，弘扬科学精神”。在这个特殊时期，同学们科研创新热情不减，充分利用天津大学图书馆电子资源查阅文献，坚持科研，用电脑软件完成实验模拟，积极报名“挑战杯”大学生课外学术科技作品竞赛，提升专业实践能力。同时，广大学子充分发挥专业优势，积极科学防疫，深入推进自主科研，激发自身创新意识和创造力。

材料学院本科生白易明自发整理、绘制和更新当地疫情传播谱，将每天的文字通报转换为一张张直观的图片，广泛宣传疫情防控科普知识，提高公众的科学防护能力，引导人民群众不传谣、不信谣。截至 2020 年 3 月，白易明已通过个人微博发布了 20 余张疫情图谱，累计阅读量超 11 万次。

白易明

建筑学院研究生肖天意在导师的带领下组成疫情可视化探索小组，参与疫情地图绘制，通过 CCTV 新闻爬取和词频统计，以“疫情词云”的方式分析舆情热点话题。此外，他还绘制了疫情地理可视化地图，通过公众平台发布《疫情分析专题报告》，为疫情防护提供参考依据。“劳动最光荣、劳动最崇高、劳动最伟大、劳动最美丽”的劳动精神在天大学子中间熠熠闪光。

五、四川大学锦城学院劳动教育实践特色基本介绍

四川大学锦城学院自 2006 年起，便开设了一门特殊的“种田”课程，要求每位在校生必须在农场里修满 40 个学时、总计两个学分的劳动课，才能毕业。为了培养学生吃苦耐劳的品性，该校将农场搬到了校园里，并且成立了一个模拟的“农场总公司”，负责对农场进行管理，负责诸如运营、监督、排课等工作。

该“公司”一名校方人员是一名锦城学院曾经的毕业生，毕业后留校专门负责农场方面工作。在“公司”一届带一届的运作模式下，每年都会有耕种“老手”教授新生如何耕作，老师还会带学生干部去周边蔬菜基地学习，返校后再“手把手”传授劳

作技巧。“公司”基本都种植季节性蔬菜，学生们主要种植油菜、向日葵、豆角、豌豆等蔬菜，之所以并未种植粮食和水果而选择以季节性蔬菜为主，是为了方便学生参与播种到收获的全过程。此外，在池塘内还栽培有莲花、波斯菊等观赏性植物。学生们的劳动工具有锄头、手扶式拖拉机等。每过一段时间，学生们劳作便会产出丰硕的收成。在丰收时节，“农场总公司”会把蔬菜分成小批量捆起来，卖给学校的老师们。收入是不进入个人腰包的，所有收入会拿来购买作物种子和工具，提供给下一届学生上课使用。钱款就是这样循环使用，学校有时也会划拨一些款项。

劳动教育这门课程在锦城学院成立后不久的 2006 年创立，当时学校非常重视实践教育，创立此课程的邹校长提出：“学生必须亲手碰到泥巴，才能知道什么是奋斗，什么是劳动。”起初“劳动教育”这门课程分成农场劳动和志愿服务两个项目，大约三分之二的学生参加农场劳动，剩余三分之一的学生参加社会上的志愿服务。经过多年摸索，最终决定所有的学生统一组织参加农场劳动，将劳动教育这门课程的 64 个学时平均分配给农场劳动和志愿服务，学生需要参加这两种实践活动并完成学时。起初学校有五六十亩地，第一年学校划出很大一片地用来从事劳动教育，后来随着学校建设的发展，农场用地缩小为 20 亩，但是校领导将 20 亩地选择在了锦江学院标志性建筑物的后面，是学院最核心的地块之一，且不允许再缩小农场地块。

学生们参加农场劳动

高校劳动教育课程实施方案篇

青岛滨海学院学生《劳动教育》课程实施方案（试行）

为深入贯彻落实习近平总书记在全国教育大会上的讲话精神，巩固和发扬我校多年来已取得的劳动教育成果，进一步弘扬劳动精神，教育引导学生崇尚劳动、尊重劳动，树立劳动最光荣、劳动最崇高、劳动最伟大、劳动最美丽的劳动观念。学校将强化劳动教育、重申劳动价值，培养学生正确的劳动观、价值观、成才观，培养德智体美劳全面发展的社会主义建设者和接班人，结合我校实际，制订本实施方案。

一、总体原则

进一步修订人才培养方案，完善实践教学体系，充实劳动教育内容，实施劳动教育课程，强化课程考核，促进劳动教育及其活动落到实处。

二、适用范围

全日制在校本、专科生。

三、课程内容设置

（一）课程定位与学分管理

1. 《劳动教育》课程定位

《劳动教育》中的劳动定位为公益实践性质，是以学生行政班级为基本单位组织开展的集体性的劳动教育活动，课程内容分为理论教育和劳动实践（体力或脑力）两部分。

2. 修订人才培养方案相关内容

将现行的2016版本科人才培养方案“通识教育”课程中的《公益劳动》更名为《劳动教育》课程，由“理论教育”和“劳动实践”两部分组成；在现行的2017版专科人才培养方案“公共课程模块”中增加《劳动教育》课程。《劳动教育》修课要求为必修。

3. 学时与学分设置

本科生《劳动教育》课程1.5学分，总学时为48学时，其中“理论教育”为12学时，劳动实践为36学时；

专科生《劳动教育》课程1学分，总学时为32学时，其中“理论教育”8学时，“实践”为24学时。

4. 修改学生德智体美劳综合测评实施办法

将现行的《青岛滨海学院学生德智体美劳综合测评实施办法》中综合测评成绩计算公式修改为：综合测评分=德育成绩×30%+学业成绩×40%+体育成绩×10%+美育成绩×10%+劳动成绩×10%。

（二）教学内容与实践安排

教务处负责组织编写《劳动教育》教材（讲义），制订课程标准，组织开展理论教育；学生处负责制订《青岛滨海学院学生劳动实践实施方案》，组织开展劳动实践。

1. 理论教育

形式：课堂理论教学。

学时：本科生：2 学时/第 1～5 学期，1 学时/第 6～7 学期；专科生 2 学时/第 1～3 学期，1 学时/第 4～5 学期。

安排时间：每学期第一周。

教育内容：组织开展国家相关法律、劳动知识、劳动安全、劳动纪律等方面的教育，学习劳动模范人物的先进事迹，讲解学期劳动计划与安排等内容。通过组织动员教育，树立劳动最光荣、劳动最崇高、劳动最伟大、劳动最美丽的劳动观念，引导学生热爱劳动、尊重劳动、珍惜劳动成果，自觉遵守劳动安全法规。

2. 劳动实践

形式：集体性的劳动（体力或脑力）教育活动。

学时：本科生：6 学时/第 1～4 学期，4 学时/第 5～7 学期；专科生 6 学时/第 1～2 学期，4 学时/第 3～5 学期。每次劳动时间不少于 1 小时，每次按 1 学时计算。

安排时间：每学期，在“理论教育”课后即可实施。

教育内容：以学院（部）为主导，由班主任、辅导员或学生干事指导学生结合校园生活和社会服务组织开展劳动实践，如校园环境卫生清洁、学雷锋活动、校内外公益劳动、服务校级或学院（部）级大型活动（迎接新生活动、校园招聘会、校内学术会议、校内展览会、运动会、校内植树绿化、公共设施维护、校内防台风及台风后救灾等）；也可用智力帮助企事业单位、机关团体、社区等完成产生价值的活动或项目，如：分析、统计、调研、设计、决策、组织、运筹等（详见《青岛滨海学院学生劳动实践实施方案》）。

四、教学组织管理

（一）任课教师

《劳动教育》任课教师由班主任、辅导员或学生干事担任。学校统一组织岗前培训，确保课堂教学效果。

（二）课程教学

任课教师根据教学任务和计划安排，落实课程内容。

任课教师每学期制定《劳动教育》教学计划，拟定教学目标，规划劳动任务等。在实施中，针对劳动任务特点，任课教师要充分考虑学生的性别特点和个别差异等情况，妥善分工；在劳动前进行安全教育，明确劳动纪律及安全措施；任课教师按照教学规范做好学生考勤工作。学生要按照教学要求积极参加劳动，保质保量地完成各项劳动任务，每次劳动后要及时进行总结。

每学期课程教学结束，任课教师要对整个学期《劳动教育》实施情况进行总结，分享交流教学心得，对学校完善《劳动教育》提出意见建议。

（三）课程考核

“理论教育”部分由教务处负责组织考核，实行“卷一”方式考核，试题从试题库中抽取。

“劳动实践”部分由学生处负责组织考核，实行“卷二”方式考核。考核指标及评分标准详见学生处制订的《青岛滨海学院学生劳动实践实施方案》。

《劳动教育》的所有考核结果要按照教务处的相关要求适时录入正方教务管理系统。

五、其他要求

教务处、学生处、各教学学院（部）等相关单位每学期必须将劳动教育及其实践活动列入本单位的工作计划。

学校各职能部门要积极支持、配合和协助教学学院（部）组织好学生进行集体劳动，学校将此项工作列入二级单位年度考核内容。

各学院（部）每学期开学前要配备好任课教师、规划确定劳动任务及活动，保证《劳动教育》的教学任务落实到位；探索与校外公益机构合作建立公益劳动教育基地；有条件的，可在校内因地制宜，开辟学院（部）劳动教育基地。

兰州工业学院大学生劳动教育与社会实践学分认定实施办法（试行）

第一章　总则

第一条 根据高等教育人才培养目标和大学生成长成才的特点，把握育人导向，遵循教育规律，创新体制机制，注重教育实效，实现知行合一，制定科学合理的劳动教育与社会实践计划，将学生劳动教育与社会实践状况全面纳入学分制管理和学生综合评价体系。学生须按照学校要求参加劳动教育与社会实践活动并修满相应学分后方可毕业。

第二条 本办法适用于我校全日制在校普通本（专）科学生。

第二章　内容和形式

第三条 劳动教育与社会实践内容包括岗位实践、公益劳动、社会实践三个部分。

岗位实践：包括勤工助学岗、实践育人岗两类。勤工助学岗是指学校为家庭经济困难学生在课余时间，通过劳动取得合法报酬，用于改善学习和生活条件的实践岗位。实践育人岗是指学校为学生提供利用课余时间在各学院、各部门进行实践锻炼的岗位，不支付报酬。

公益劳动：包含志愿服务（支教、困难帮扶、结对帮扶等）、义务劳动、活动实践等。

社会实践：包含团队集中实践、个人分散实践。团队集中实践是指由校团委、各学院利用寒暑假集体组织，人数在 10 人及以上，在教师指导下集中一段时间统一进行的社会实践活动。个人分散实践是指学生利用课余时间，通过社会调研、社会考察、社会服务或科技、文化、卫生“三下乡”、岗前实习（不包括各学院根据教学安排进行的就业或岗前实习）等形式完成的社会实践活动，并在开学后提交不少于 3000 字的社会实践或调查报告。

第三章　评定标准

第四条 劳动教育与社会实践共计 2 个学分，原则上需在前三学年内修满，因特殊情况未修满的学生，需在第七学期补修未完成的学分。

第五条 劳动教育与社会实践学分具体评定标准见《兰州工业学院劳动教育与社会实践学分评定标准一览表》。

第四章　基本要求

第六条 劳动教育与社会实践必须在课余和假期进行，坚持合理、合法的原则，以智力型与劳务型相结合、集体与个人相结合的形式进行，严禁学生参加高空作业、严重污染辐射等对人体易造成伤害和危险的劳动及社会实践。

第五章　认定与考核管理

第七条 学校成立由教务处、党委学工部、团委组成的劳动教育与社会实践学分认定小组，统筹规划劳动教育与社会实践的学分认定工作。办公室设在学生工作部，各学院学生工作领导小组具体负责实施。

第八条 劳动教育与社会实践包含的岗位由学分认定小组向全校发布岗位征集通知，各学院、各部门依据通知结合实际需求，学期初向学分认定小组办公室提交《兰州工业学院劳动教育与社会实践岗位计划申请表》，办公室审核并报送学分认定小组审定同意后，发布本学期劳动教育与社会实践岗位具体安排。

第九条 学生根据个人实际，向设岗部门提出申请，积极申报劳动教育与社会实践岗位，本着“自我管理、自我服务、自我教育、自我监督”理念，在劳动教育与社会实践岗位中锻炼自我、完善自我、提升自我。

第十条 各劳动教育与社会实践岗位发起单位和部门要认真做好学生岗位聘用工作，坚持“谁设岗，谁使用，谁管理，谁考核”的原则，做好劳动教育与社会实践岗位的管理与考核工作。

第十一条 劳动教育与社会实践学分记录每学期进行一次。每学期前 3 周为学分记录阶段，设岗部门向各学院提供劳动结果的评价及认定依据，各学院将每位学生的活动记录和所获学分填在《兰州工业学院大学生劳动教育与社会实践学分记录认定卡》中，并向学院学生工作领导小组上报《兰州工业学院大学生劳动教育与社会实践活动及学分认定情况汇总表》。第七学期结束前，将汇总结果统一报学生工作部审核，审核通过后由各学院进行成绩录入。

第十二条 《兰州工业学院大学生劳动教育与社会实践学分记录认定卡》由学生工作部统一印制，记录卡实行“一生一卡，一档一卡”制，主要用于记录参加劳动教育与社会实践活动情况。记录卡不得转借他人使用，严禁他人代为参与活动，认证后由学生本人保管。

第十三条 认证单位应本着严肃、认真、客观、公正的原则对学生的劳动教育与社会实践学分进行认证和登记，对不负责任、徇私舞弊、弄虚作假的认证单位和工作人员，一经发现将严肃处理。

第六章　附则

第十四条 每学年学生参加劳动教育与社会实践活动将作为学生评奖评优和享受资助的优先参考依据。

第十五条 各学院可根据实际，依据本办法制定本单位学生劳动教育与社会实践学分实施细则。

第十六条 本办法从 2018 级学生开始施行，由学生工作部负责解释。

包头铁道职业技术学院学生劳动教育课实施办法

根据中共中央《关于进一步加强和改进学校德育工作的若干意见》文件精神，为了全面贯彻党的教育方针，提高学生思想道德素质，增强学生劳动观念和自立自强的能力，结合学院实际，制定本办法。

一、学生劳动教育课的设置

（一） 全日制教学班级的劳动教育课是学生素质教育的重要内容，纳入学院教学计划。

（二）教务处将劳动班级列入“教学计划表”，并按规定时间由学生工作处指派老师具体组织实施。在劳动教育课实施过程中要求班主任、辅导员协助组织管理。

二、学生劳动教育课时间安排及要求

劳动教育课时间一般为每学年安排一周，以班级为单位进行组织。

1．劳动时间段：

上午：周一至周五：8:00—11:00 分；

下午：周一至周五：15:00—16:30 分。

2．劳动期间早操（早自习）、晚自习照上。

3．周四下午不进行顶岗劳动，参加班级的卫生清扫。

4．劳动期间统一穿迷彩服或校服，戴袖标。

5．固定岗位的用人部门要有专人负责对顶岗劳动学生进行管理并制订岗位职责。

三、劳动教育课成绩评定办法

1．劳动教育课成绩按考查课标准评定为优、良、中、及格、不及格。要根据学生的劳动态度和劳动表现（占 30%），完成劳动任务的质和量（占 70%）来评定成绩。

2．遵守纪律，出满勤（20 分）；尊敬师长，服从安排，注意安全（10 分）。

3．按时完成劳动任务，未出事故（50 分）；不怕苦、不怕累、劳动量大（10 分）；劳动工具、袖标无损坏，按时交还（10 分）。

4．劳动期间迟到、早退、串岗、离岗一次各扣 5 分；旷工一次扣 10 分；连续 2 天未参加劳动、或累计劳动不满 4 天者，成绩为不及格。

四、学生劳动教育课的管理

1．在劳动教育课期间，班主任、辅导员也必须履行其工作职责，对学生加强学院规章制度及人身安全的教育。

2．用人部门要对学生进行劳动纪律、劳动观念、劳动安全的教育，传授劳动经验、技巧，要指定专人对学生劳动进行管理，并负责考核。

3．劳动教育课结束后，学生填写《劳动教育课登记表》，用人部门写出评语并评定成绩。次周由学生工作处派人收取汇总后报教务处，教务处按考查课记入学期智育成绩。

4．劳动教育课成绩不及格的学生不能享受各类奖助学金，并取消评先评优资格。

5．劳动教育课成绩不及格的学生在毕业前安排一次补考，补考合格后方可办理毕业手续。

注：本办法自公布之日起实行，解释权属学生工作处。

附　录

劳动法律法规

中华人民共和国劳动法（2018 年修正）

第一章　总则

第一条 为了保护劳动者的合法权益，调整劳动关系，建立和维护适应社会主义市场经济的劳动制度，促进经济发展和社会进步，根据宪法，制定本法。

第二条 在中华人民共和国境内的企业、个体经济组织（以下统称用人单位）和与之形成劳动关系的劳动者，适用本法。

国家机关、事业组织、社会团体和与之建立劳动合同关系的劳动者，依照本法执行。

第三条 劳动者享有平等就业和选择职业的权利、取得劳动报酬的权利、休息休假的权利、获得劳动安全卫生保护的权利、接受职业技能培训的权利、享受社会保险和福利的权利、提请劳动争议处理的权利以及法律规定的其他劳动权利。

劳动者应当完成劳动任务，提高职业技能，执行劳动安全卫生规程，遵守劳动纪律和职业道德。

第四条 用人单位应当依法建立和完善规章制度，保障劳动者享有劳动权利和履行劳动义务。

第五条 国家采取各种措施，促进劳动就业，发展职业教育，制定劳动标准，调节社会收入，完善社会保险，协调劳动关系，逐步提高劳动者的生活水平。

第六条 国家提倡劳动者参加社会义务劳动，开展劳动竞赛和合理化建议活动，鼓励和保护劳动者进行科学研究、技术革新和发明创造，表彰和奖励劳动模范和先进工作者。

第七条 劳动者有权依法参加和组织工会。

工会代表和维护劳动者的合法权益，依法独立自主地开展活动。

第八条 劳动者依照法律规定，通过职工大会、职工代表大会或者其他形式，参与民主管理或者就保护劳动者合法权益与用人单位进行平等协商。

第九条 国务院劳动行政部门主管全国劳动工作。

县级以上地方人民政府劳动行政部门主管本行政区域内的劳动工作。

第二章　促进就业

第十条 国家通过促进经济和社会发展，创造就业条件，扩大就业机会。

国家鼓励企业、事业组织、社会团体在法律、行政法规规定的范围内兴办产业或者拓展经营，增加就业。

国家支持劳动者自愿组织起来就业和从事个体经营实现就业。

第十一条 地方各级人民政府应当采取措施，发展多种类型的职业介绍机构，提供就业服务。

第十二条 劳动者就业，不因民族、种族、性别、宗教信仰不同而受歧视。

第十三条 妇女享有与男子平等的就业权利。在录用职工时，除国家规定的不适合妇女的工种或者岗位外，不得以性别为由拒绝录用妇女或者提高对妇女的录用标准。

第十四条 残疾人、少数民族人员、退出现役的军人的就业，法律、法规有特别规定的，从其规定。

第十五条 禁止用人单位招用未满十六周岁的未成年人。

文艺、体育和特种工艺单位招用未满十六周岁的未成年人，必须遵守国家有关规定，并保障其接受义务教育的权利。

第三章　劳动合同和集体合同

第十六条 劳动合同是劳动者与用人单位确立劳动关系、明确双方权利和义务的协议。建立劳动关系应当订立劳动合同。

第十七条 订立和变更劳动合同，应当遵循平等自愿、协商一致的原则，不得违反法律、行政法规的规定。

劳动合同依法订立即具有法律约束力，当事人必须履行劳动合同规定的义务。

第十八条 下列劳动合同无效：

（一）违反法律、行政法规的劳动合同；

（二）采取欺诈、威胁等手段订立的劳动合同。

无效的劳动合同，从订立的时候起，就没有法律约束力。确认劳动合同部分无效的，如果不影响其余部分的效力，其余部分仍然有效。

劳动合同的无效，由劳动争议仲裁委员会或者人民法院确认。

第十九条 劳动合同应当以书面形式订立，并具备以下条款：

（一）劳动合同期限；

（二）工作内容；

（三）劳动保护和劳动条件；

（四）劳动报酬；

（五）劳动纪律；

（六）劳动合同终止的条件；

（七）违反劳动合同的责任。

劳动合同除前款规定的必备条款外，当事人可以协商约定其他内容。

第二十条 劳动合同的期限分为有固定期限、无固定期限和以完成一定的工作为期限。

劳动者在同一用人单位连续工作满十年以上，当事人双方同意续延劳动合同的，如果劳动者提出订立无固定期限的劳动合同，应当订立无固定期限的劳动合同。

第二十一条 劳动合同可以约定试用期。试用期最长不得超过六个月。

第二十二条 劳动合同当事人可以在劳动合同中约定保守用人单位商业秘密的有关事项。

第二十三条 劳动合同期满或者当事人约定的劳动合同终止条件出现，劳动合同即行终止。

第二十四条 经劳动合同当事人协商一致，劳动合同可以解除。

第二十五条 劳动者有下列情形之一的，用人单位可以解除劳动合同：

（一）在试用期间被证明不符合录用条件的；

（二）严重违反劳动纪律或者用人单位规章制度的；

（三）严重失职，营私舞弊，对用人单位利益造成重大损害的；

（四）被依法追究刑事责任的。

第二十六条 有下列情形之一的，用人单位可以解除劳动合同，但是应当提前三十日以书面形式通知劳动者本人：

（一）劳动者患病或者非因工负伤，医疗期满后，不能从事原工作也不能从事由用人单位另行安排的工作的；

（二）劳动者不能胜任工作，经过培训或者调整工作岗位，仍不能胜任工作的；

（三）劳动合同订立时所依据的客观情况发生重大变化，致使原劳动合同无法履行，经当事人协商不能就变更劳动合同达成协议的。

第二十七条 用人单位濒临破产进行法定整顿期间或者生产经营状况发生严重困难，确需裁减人员的，应当提前三十日向工会或者全体职工说明情况，听取工会或者职工的意见，经向劳动行政部门报告后，可以裁减人员。用人单位依据本条规定裁减人员，在六个月内录用人员的，应当优先录用被裁减的人员。

第二十八条 用人单位依据本法第二十四条、第二十六条、第二十七条的规定解除劳动合同的，应当依照国家有关规定给予经济补偿。

第二十九条 劳动者有下列情形之一的，用人单位不得依据本法第二十六条、第二十七条的规定解除劳动合同：

（一）患职业病或者因工负伤并被确认丧失或者部分丧失劳动能力的；

（二）患病或者负伤，在规定的医疗期内的；

（三）女职工在孕期、产期、哺乳期内的；

（四）法律、行政法规规定的其他情形。

第三十条 用人单位解除劳动合同，工会认为不适当的，有权提出意见。如果用人单位违反法律、法规或者劳动合同，工会有权要求重新处理；劳动者申请仲裁或者提起诉讼的，工会应当依法给予支持和帮助。

第三十一条 劳动者解除劳动合同，应当提前三十日以书面形式通知用人单位。

第三十二条 有下列情形之一的，劳动者可以随时通知用人单位解除劳动合同：

（一）在试用期内的；

（二）用人单位以暴力、威胁或者非法限制人身自由的手段强迫劳动的；

（三）用人单位未按照劳动合同约定支付劳动报酬或者提供劳动条件的。

第三十三条 企业职工一方与企业可以就劳动报酬、工作时间、休息休假、劳动安全卫生、保险福利等事项，签订集体合同。集体合同草案应当提交职工代表大会或者全体职工讨论通过。集体合同由工会代表职工与企业签订；没有建立工会的企业，由职工推举的代表与企业签订。

第三十四条 集体合同签订后应当报送劳动行政部门；劳动行政部门自收到集体合同文本之日起十五日内未提出异议的，集体合同即行生效。

第三十五条 依法签订的集体合同对企业和企业全体职工具有约束力。职工个人与企业订立的劳动合同中劳动条件和劳动报酬等标准不得低于集体合同的规定。

第四章 工作时间和休息休假

第三十六条 国家实行劳动者每日工作时间不超过八小时、平均每周工作时间不超过四十四小时的工时制度。

第三十七条 对实行计件工作的劳动者，用人单位应当根据本法第三十六条规定的工时制度合理确定其劳动定额和计件报酬标准。

第三十八条 用人单位应当保证劳动者每周至少休息一日。

第三十九条 企业因生产特点不能实行本法第三十六条、第三十八条规定的，经劳动行政部门批准，可以实行其他工作和休息办法。

第四十条 用人单位在下列节日期间应当依法安排劳动者休假：

（一）元旦；

（二）春节；

（三）国际劳动节；

（四）国庆节；

（五）法律、法规规定的其他休假节日。

第四十一条 用人单位由于生产经营需要，经与工会和劳动者协商后可以延长工作时间，一般每日不得超过一小时；因特殊原因需要延长工作时间的，在保障劳动者身体健康的条件下延长工作时间每日不得超过三小时，但是每月不得超过三十六小时。

第四十二条 有下列情形之一的，延长工作时间不受本法第四十一条的限制：

（一）发生自然灾害、事故或者因其他原因，威胁劳动者生命健康和财产安全，需要紧急处理的；

（二）生产设备、交通运输线路、公共设施发生故障，影响生产和公众利益，必须及时抢修的；

（三）法律、行政法规规定的其他情形。

第四十三条 用人单位不得违反本法规定延长劳动者的工作时间。

第四十四条 有下列情形之一的，用人单位应当按照下列标准支付高于劳动者正常工作时间工资的工资报酬：

（一）安排劳动者延长工作时间的，支付不低于工资的百分之一百五十的工资报酬；

（二）休息日安排劳动者工作又不能安排补休的，支付不低于工资的百分之二百的工资报酬；

（三）法定休假日安排劳动者工作的，支付不低于工资的百分之三百的工资报酬。

第四十五条 国家实行带薪年休假制度。

劳动者连续工作一年以上的，享受带薪年休假。具体办法由国务院规定。

第五章 工资

第四十六条 工资分配应当遵循按劳分配原则，实行同工同酬。

工资水平在经济发展的基础上逐步提高。国家对工资总量实行宏观调控。

第四十七条 用人单位根据本单位的生产经营特点和经济效益，依法自主确定本单位的工资分配方式和工资水平。

第四十八条 国家实行最低工资保障制度。最低工资的具体标准由省、自治区、直辖市人民政府规定，报国务院备案。

用人单位支付劳动者的工资不得低于当地最低工资标准。

第四十九条 确定和调整最低工资标准应当综合参考下列因素：

（一）劳动者本人及平均赡养人口的最低生活费用；

（二）社会平均工资水平；

（三）劳动生产率；

（四）就业状况；

（五）地区之间经济发展水平的差异。

第五十条 工资应当以货币形式按月支付给劳动者本人。不得克扣或者无故拖欠劳动者的工资。

第五十一条 劳动者在法定休假日和婚丧假期间以及依法参加社会活动期间，用人单位应当依法支付工资。

第六章 劳动安全卫生

第五十二条 用人单位必须建立、健全劳动安全卫生制度，严格执行国家劳动安全卫生规程和标准，对劳动者进行劳动安全卫生教育，防止劳动过程中的事故，减少职业危害。

第五十三条 劳动安全卫生设施必须符合国家规定的标准。

新建、改建、扩建工程的劳动安全卫生设施必须与主体工程同时设计、同时施工、同时投入生产和使用。

第五十四条 用人单位必须为劳动者提供符合国家规定的劳动安全卫生条件和必要的劳动防护用品，对从事有职业危害作业的劳动者应当定期进行健康检查。

第五十五条 从事特种作业的劳动者必须经过专门培训并取得特种作业资格。

第五十六条 劳动者在劳动过程中必须严格遵守安全操作规程。

劳动者对用人单位管理人员违章指挥、强令冒险作业，有权拒绝执行；对危害生命安全和身体健康的行为，有权提出批评、检举和控告。

第五十七条 国家建立伤亡事故和职业病统计报告和处理制度。县级以上各级人民政府劳动行政部门、有关部门和用人单位应当依法对劳动者在劳动过程中发生的伤亡事故和劳动者的职业病状况，进行统计、报告和处理。

第七章　女职工和未成年工特殊保护

第五十八条 国家对女职工和未成年工实行特殊劳动保护。

未成年工是指年满十六周岁未满十八周岁的劳动者。

第五十九条 禁止安排女职工从事矿山井下、国家规定的第四级体力劳动强度的劳动和其他禁忌从事的劳动。

第六十条 不得安排女职工在经期从事高处、低温、冷水作业和国家规定的第三级体力劳动强度的劳动。

第六十一条 不得安排女职工在怀孕期间从事国家规定的第三级体力劳动强度的劳动和孕期禁忌从事的劳动。对怀孕七个月以上的女职工，不得安排其延长工作时间和夜班劳动。

第六十二条 女职工生育享受不少于九十天的产假。

第六十三条 不得安排女职工在哺乳未满一周岁的婴儿期间从事国家规定的第三级体力劳动强度的劳动和哺乳期禁忌从事的其他劳动，不得安排其延长工作时间和夜班劳动。

第六十四条 不得安排未成年工从事矿山井下、有毒有害、国家规定的第四级体力劳动强度的劳动和其他禁忌从事的劳动。

第六十五条 用人单位应当对未成年工定期进行健康检查。

第八章　职业培训

第六十六条 国家通过各种途径，采取各种措施，发展职业培训事业，开发劳动者的职业技能，提高劳动者素质，增强劳动者的就业能力和工作能力。

第六十七条 各级人民政府应当把发展职业培训纳入社会经济发展的规划，鼓励和支持有条件的企业、事业组织、社会团体和个人进行各种形式的职业培训。

第六十八条 用人单位应当建立职业培训制度，按照国家规定提取和使用职业培训经费，根据本单位实际，有计划地对劳动者进行职业培训。

从事技术工种的劳动者，上岗前必须经过培训。

第六十九条 国家确定职业分类，对规定的职业制定职业技能标准，实行职业资格证书制度，由经备案的考核鉴定机构负责对劳动者实施职业技能考核鉴定。

第九章 社会保险和福利

第七十条 国家发展社会保险事业，建立社会保险制度，设立社会保险基金，使劳动者在年老、患病、工伤、失业、生育等情况下获得帮助和补偿。

第七十一条 社会保险水平应当与社会经济发展水平和社会承受能力相适应。

第七十二条 社会保险基金按照保险类型确定资金来源，逐步实行社会统筹。用人单位和劳动者必须依法参加社会保险，缴纳社会保险费。

第七十三条 劳动者在下列情形下，依法享受社会保险待遇：

（一）退休；

（二）患病、负伤；

（三）因工伤残或者患职业病；

（四）失业；

（五）生育。

劳动者死亡后，其遗属依法享受遗属津贴。

劳动者享受社会保险待遇的条件和标准由法律、法规规定。

劳动者享受的社会保险金必须按时足额支付。

第七十四条 社会保险基金经办机构依照法律规定收支、管理和运营社会保险基金，并负有使社会保险基金保值增值的责任。

社会保险基金监督机构依照法律规定，对社会保险基金的收支、管理和运营实施监督。社会保险基金经办机构和社会保险基金监督机构的设立和职能由法律规定。

任何组织和个人不得挪用社会保险基金。

第七十五条 国家鼓励用人单位根据本单位实际情况为劳动者建立补充保险。国家提倡劳动者个人进行储蓄性保险。

第七十六条 国家发展社会福利事业，兴建公共福利设施，为劳动者休息、休养和疗养提供条件。

用人单位应当创造条件，改善集体福利，提高劳动者的福利待遇。

第十章　劳动争议

第七十七条　用人单位与劳动者发生劳动争议，当事人可以依法申请调解、仲裁、提起诉讼，也可以协商解决。

调解原则适用于仲裁和诉讼程序。

第七十八条　解决劳动争议，应当根据合法、公正、及时处理的原则，依法维护劳动争议当事人的合法权益。

第七十九条　劳动争议发生后，当事人可以向本单位劳动争议调解委员会申请调解；调解不成，当事人一方要求仲裁的，可以向劳动争议仲裁委员会申请仲裁。当事人一方也可以直接向劳动争议仲裁委员会申请仲裁。对仲裁裁决不服的，可以向人民法院提起诉讼。

第八十条　在用人单位内，可以设立劳动争议调解委员会。劳动争议调解委员会由职工代表、用人单位代表和工会代表组成。劳动争议调解委员会主任由工会代表担任。

劳动争议经调解达成协议的，当事人应当履行。

第八十一条　劳动争议仲裁委员会由劳动行政部门代表、同级工会代表、用人单位方面的代表组成。劳动争议仲裁委员会主任由劳动行政部门代表担任。

第八十二条　提出仲裁要求的一方应当自劳动争议发生之日起六十日内向劳动争议仲裁委员会提出书面申请。仲裁裁决一般应在收到仲裁申请的六十日内作出。对仲裁裁决无异议的，当事人必须履行。

第八十三条　劳动争议当事人对仲裁裁决不服的，可以自收到仲裁裁决书之日起十五日内向人民法院提起诉讼。一方当事人在法定期限内不起诉又不履行仲裁裁决的，另一方当事人可以申请人民法院强制执行。

第八十四条　因签订集体合同发生争议，当事人协商解决不成的，当地人民政府劳动行政部门可以组织有关各方协调处理。

因履行集体合同发生争议，当事人协商解决不成的，可以向劳动争议仲裁委员会申请仲裁；对仲裁裁决不服的，可以自收到仲裁裁决书之日起十五日内向人民法院提起诉讼。

第十一章　监督检查

第八十五条　县级以上各级人民政府劳动行政部门依法对用人单位遵守劳动法律、法规的情况进行监督检查，对违反劳动法律、法规的行为有权制止，并责令改正。

第八十六条　县级以上各级人民政府劳动行政部门监督检查人员执行公务，有权进入用人单位了解执行劳动法律、法规的情况，查阅必要的资料，并对劳动场所进行检查。

县级以上各级人民政府劳动行政部门监督检查人员执行公务，必须出示证件，秉公执法并遵守有关规定。

第八十七条 县级以上各级人民政府有关部门在各自职责范围内，对用人单位遵守劳动法律、法规的情况进行监督。

第八十八条 各级工会依法维护劳动者的合法权益，对用人单位遵守劳动法律、法规的情况进行监督。

任何组织和个人对于违反劳动法律、法规的行为有权检举和控告。

第十二章　法律责任

第八十九条 用人单位制定的劳动规章制度违反法律、法规规定的，由劳动行政部门给予警告，责令改正；对劳动者造成损害的，应当承担赔偿责任。

第九十条 用人单位违反本法规定，延长劳动者工作时间的，由劳动行政部门给予警告，责令改正，并可以处以罚款。

第九十一条 用人单位有下列侵害劳动者合法权益情形之一的，由劳动行政部门责令支付劳动者的工资报酬、经济补偿，并可以责令支付赔偿金：

（一）克扣或者无故拖欠劳动者工资的；

（二）拒不支付劳动者延长工作时间工资报酬的；

（三）低于当地最低工资标准支付劳动者工资的；

（四）解除劳动合同后，未依照本法规定给予劳动者经济补偿的。

第九十二条 用人单位的劳动安全设施和劳动卫生条件不符合国家规定或者未向劳动者提供必要的劳动防护用品和劳动保护设施的，由劳动行政部门或者有关部门责令改正，可以处以罚款；情节严重的，提请县级以上人民政府决定责令停产整顿；对事故隐患不采取措施，致使发生重大事故，造成劳动者生命和财产损失的，对责任人员比照刑法第一百八十七条的规定追究刑事责任。

第九十三条 用人单位强令劳动者违章冒险作业，发生重大伤亡事故，造成严重后果的，对责任人员依法追究刑事责任。

第九十四条 用人单位非法招用未满十六周岁的未成年人的，由劳动行政部门责令改正，处以罚款；情节严重的，由市场监督管理部门吊销营业执照。

第九十五条 用人单位违反本法对女职工和未成年工的保护规定，侵害其合法权益的，由劳动行政部门责令改正，处以罚款；对女职工或者未成年工造成损害的，应当承担赔偿责任。

第九十六条 用人单位有下列行为之一，由公安机关对责任人员处以十五日以下拘留、罚款或者警告；构成犯罪的，对责任人员依法追究刑事责任：

（一）以暴力、威胁或者非法限制人身自由的手段强迫劳动的；

（二）侮辱、体罚、殴打、非法搜查和拘禁劳动者的。

第九十七条 由于用人单位的原因订立的无效合同，对劳动者造成损害的，应当承担赔偿责任。

第九十八条 用人单位违反本法规定的条件解除劳动合同或者故意拖延不订立劳动合同的，由劳动行政部门责令改正；对劳动者造成损害的，应当承担赔偿责任。

第九十九条 用人单位招用尚未解除劳动合同的劳动者，对原用人单位造成经济损失的，该用人单位应当依法承担连带赔偿责任。

第一百条 用人单位无故不缴纳社会保险费的，由劳动行政部门责令其限期缴纳，逾期不缴的，可以加收滞纳金。

第一百零一条 用人单位无理阻挠劳动行政部门、有关部门及其工作人员行使监督检查权，打击报复举报人员的，由劳动行政部门或者有关部门处以罚款；构成犯罪的，对责任人员依法追究刑事责任。

第一百零二条 劳动者违反本法规定的条件解除劳动合同或者违反劳动合同中约定的保密事项，对用人单位造成经济损失的，应当依法承担赔偿责任。

第一百零三条 劳动行政部门或者有关部门的工作人员滥用职权、玩忽职守、徇私舞弊，构成犯罪的，依法追究刑事责任；不构成犯罪的，给予行政处分。

第一百零四条 国家工作人员和社会保险基金经办机构的工作人员挪用社会保险基金，构成犯罪的，依法追究刑事责任。

第一百零五条 违反本法规定侵害劳动者合法权益，其他法律、法规已规定处罚的，依照该法律、行政法规的规定处罚。

第十三章　附则

第一百零六条 省、自治区、直辖市人民政府根据本法和本地区的实际情况，规定劳动合同制度的实施步骤，报国务院备案。

第一百零七条 本法自 1995 年 1 月 1 日起施行。

中华人民共和国劳动合同法（2012年修正）

第一章　总则

第一条 为了完善劳动合同制度，明确劳动合同双方当事人的权利和义务，保护劳动者的合法权益，构建和发展和谐稳定的劳动关系，制定本法。

第二条 中华人民共和国境内的企业、个体经济组织、民办非企业单位等组织（以下称用人单位）与劳动者建立劳动关系，订立、履行、变更、解除或者终止劳动合同，适用本法。

国家机关、事业单位、社会团体和与其建立劳动关系的劳动者，订立、履行、变更、解除或者终止劳动合同，依照本法执行。

第三条 订立劳动合同，应当遵循合法、公平、平等自愿、协商一致、诚实信用的原则。

依法订立的劳动合同具有约束力，用人单位与劳动者应当履行劳动合同约定的义务。

第四条 用人单位应当依法建立和完善劳动规章制度，保障劳动者享有劳动权利、履行劳动义务。

用人单位在制定、修改或者决定有关劳动报酬、工作时间、休息休假、劳动安全卫生、保险福利、职工培训、劳动纪律以及劳动定额管理等直接涉及劳动者切身利益的规章制度或者重大事项时，应当经职工代表大会或者全体职工讨论，提出方案和意见，与工会或者职工代表平等协商确定。

在规章制度和重大事项决定实施过程中，工会或者职工认为不适当的，有权向用人单位提出，通过协商予以修改完善。

用人单位应当将直接涉及劳动者切身利益的规章制度和重大事项决定公示，或者告知劳动者。

第五条 县级以上人民政府劳动行政部门会同工会和企业方面代表，建立健全协调劳动关系三方机制，共同研究解决有关劳动关系的重大问题。

第六条 工会应当帮助、指导劳动者与用人单位依法订立和履行劳动合同，并与用人单位建立集体协商机制，维护劳动者的合法权益。

第二章　订立

第七条 用人单位自用工之日起即与劳动者建立劳动关系。用人单位应当建立职工名册备查。

第八条 用人单位招用劳动者时，应当如实告知劳动者工作内容、工作条件、工作地点、职业危害、安全生产状况、劳动报酬，以及劳动者要求了解的其他情况；用人单位有权了解劳动者与劳动合同直接相关的基本情况，劳动者应当如实说明。

第九条 用人单位招用劳动者，不得扣押劳动者的居民身份证和其他证件，不得要求劳动者提供担保或者以其他名义向劳动者收取财物。

第十条 建立劳动关系，应当订立书面劳动合同。

已建立劳动关系，未同时订立书面劳动合同的，应当自用工之日起一个月内订立书面劳动合同。

用人单位与劳动者在用工前订立劳动合同的，劳动关系自用工之日起建立。

第十一条 用人单位未在用工的同时订立书面劳动合同，与劳动者约定的劳动报酬不明确的，新招用的劳动者的劳动报酬按照集体合同规定的标准执行；没有集体合同或者集体合同未规定的，实行同工同酬。

第十二条 劳动合同分为固定期限劳动合同、无固定期限劳动合同和以完成一定工作任务为期限的劳动合同。

第十三条 固定期限劳动合同，是指用人单位与劳动者约定合同终止时间的劳动合同。

用人单位与劳动者协商一致，可以订立固定期限劳动合同。

第十四条 无固定期限劳动合同，是指用人单位与劳动者约定无确定终止时间的劳动合同。

用人单位与劳动者协商一致，可以订立无固定期限劳动合同。有下列情形之一，劳动者提出或者同意续订、订立劳动合同的，除劳动者提出订立固定期限劳动合同外，应当订立无固定期限劳动合同：

（一）劳动者在该用人单位连续工作满十年的；

（二）用人单位初次实行劳动合同制度或者国有企业改制重新订立劳动合同时，劳动者在该用人单位连续工作满十年且距法定退休年龄不足十年的；

（三）连续订立二次固定期限劳动合同，且劳动者没有本法第三十九条和第四十条第一项、第二项规定的情形，续订劳动合同的。

用人单位自用工之日起满一年不与劳动者订立书面劳动合同的，视为用人单位与劳动者已订立无固定期限劳动合同。

第十五条 以完成一定工作任务为期限的劳动合同，是指用人单位与劳动者约定以某项工作的完成为合同期限的劳动合同。

用人单位与劳动者协商一致，可以订立以完成一定工作任务为期限的劳动合同。

第十六条 劳动合同由用人单位与劳动者协商一致，并经用人单位与劳动者在劳动合同文本上签字或者盖章生效。

劳动合同文本由用人单位和劳动者各执一份。

第十七条 劳动合同应当具备以下条款：

（一）用人单位的名称、住所和法定代表人或者主要负责人；

（二）劳动者的姓名、住址和居民身份证或者其他有效身份证件号码；

（三）劳动合同期限；

（四）工作内容和工作地点；

（五）工作时间和休息休假；

（六）劳动报酬；

（七）社会保险；

（八）劳动保护、劳动条件和职业危害防护；

（九）法律、法规规定应当纳入劳动合同的其他事项。

劳动合同除前款规定的必备条款外，用人单位与劳动者可以约定试用期、培训、保守秘密、补充保险和福利待遇等其他事项。

第十八条 劳动合同对劳动报酬和劳动条件等标准约定不明确，引发争议的，用人单位与劳动者可以重新协商；协商不成的，适用集体合同规定；没有集体合同或者集体合同未规定劳动报酬的，实行同工同酬；没有集体合同或者集体合同未规定劳动条件等标准的，适用国家有关规定。

第十九条 劳动合同期限三个月以上不满一年的，试用期不得超过一个月；劳动合同期限一年以上不满三年的，试用期不得超过两个月；三年以上固定期限和无固定期限的劳动合同，试用期不得超过六个月。

同一用人单位与同一劳动者只能约定一次试用期。

以完成一定工作任务为期限的劳动合同或者劳动合同期限不满三个月的，不得约定试用期。

试用期包含在劳动合同期限内。劳动合同仅约定试用期的，试用期不成立，该期限为劳动合同期限。

第二十条 劳动者在试用期的工资不得低于本单位相同岗位最低档工资或者劳动合同约定工资的百分之八十，并不得低于用人单位所在地的最低工资标准。

第二十一条 在试用期中，除劳动者有本法第三十九条和第四十条第一项、第二项规定的情形外，用人单位不得解除劳动合同。用人单位在试用期解除劳动合同的，应当向劳动者说明理由。

第二十二条 用人单位为劳动者提供专项培训费用，对其进行专业技术培训的，可以与该劳动者订立协议，约定服务期。

劳动者违反服务期约定的，应当按照约定向用人单位支付违约金。违约金的数额不得超过用人单位提供的培训费用。用人单位要求劳动者支付的违约金不得超过服务期尚未履行部分所应分摊的培训费用。

用人单位与劳动者约定服务期的，不影响按照正常的工资调整机制提高劳动者在服务期间的劳动报酬。

第二十三条 用人单位与劳动者可以在劳动合同中约定保守用人单位的商业秘密和与知识产权相关的保密事项。

对负有保密义务的劳动者，用人单位可以在劳动合同或者保密协议中与劳动者约定竞业限制条款，并约定在解除或者终止劳动合同后，在竞业限制期限内按月给予劳动者经济补偿。劳动者违反竞业限制约定的，应当按照约定向用人单位支付违约金。

第二十四条 竞业限制的人员限于用人单位的高级管理人员、高级技术人员和其他负有保密义务的人员。竞业限制的范围、地域、期限由用人单位与劳动者约定，竞业限制的约定不得违反法律、法规的规定。

在解除或者终止劳动合同后，前款规定的人员到与本单位生产或者经营同类产品、从事同类业务的有竞争关系的其他用人单位，或者自己开业生产或者经营同类产品、从事同类业务的竞业限制期限，不得超过两年。

第二十五条 除本法第二十二条和第二十三条规定的情形外，用人单位不得与劳动者约定由劳动者承担违约金。

第二十六条 下列劳动合同无效或者部分无效：

（一）以欺诈、胁迫的手段或者乘人之危，使对方在违背真实意思的情况下订立或者变更劳动合同的；

（二）用人单位免除自己的法定责任、排除劳动者权利的；

（三）违反法律、行政法规强制性规定的。

对劳动合同的无效或者部分无效有争议的，由劳动争议仲裁机构或者人民法院确认。

第二十七条 劳动合同部分无效，不影响其他部分效力的，其他部分仍然有效。

第二十八条 劳动合同被确认无效，劳动者已付出劳动的，用人单位应当向劳动者支付劳动报酬。劳动报酬的数额，参照本单位相同或者相近岗位劳动者的劳动报酬确定。

第三章　履行和变更

第二十九条 用人单位与劳动者应当按照劳动合同的约定，全面履行各自的义务。

第三十条 用人单位应当按照劳动合同约定和国家规定，向劳动者及时足额支付劳动报酬。

用人单位拖欠或者未足额支付劳动报酬的，劳动者可以依法向当地人民法院申请支付令，人民法院应当依法发出支付令。

第三十一条 用人单位应当严格执行劳动定额标准，不得强迫或者变相强迫劳动者加班。用人单位安排加班的，应当按照国家有关规定向劳动者支付加班费。

第三十二条 劳动者拒绝用人单位管理人员违章指挥、强令冒险作业的，不视为违反劳动合同。

劳动者对危害生命安全和身体健康的劳动条件，有权对用人单位提出批评、检举和控告。

第三十三条 用人单位变更名称、法定代表人、主要负责人或者投资人等事项，不影响劳动合同的履行。

第三十四条 用人单位发生合并或者分立等情况，原劳动合同继续有效，劳动合同由承继其权利和义务的用人单位继续履行。

第三十五条 用人单位与劳动者协商一致，可以变更劳动合同约定的内容。变更劳动合同，应当采用书面形式。

变更后的劳动合同文本由用人单位和劳动者各执一份。

第四章　解除和终止

第三十六条 用人单位与劳动者协商一致，可以解除劳动合同。

第三十七条 劳动者提前三十日以书面形式通知用人单位，可以解除劳动合同。劳动者在试用期内提前三日通知用人单位，可以解除劳动合同。

第三十八条 用人单位有下列情形之一的，劳动者可以解除劳动合同：

（一）未按照劳动合同约定提供劳动保护或者劳动条件的；

（二）未及时足额支付劳动报酬的；

（三）未依法为劳动者缴纳社会保险费的；

（四）用人单位的规章制度违反法律、法规的规定，损害劳动者权益的；

（五）因本法第二十六条第一款规定的情形致使劳动合同无效的；

（六）法律、行政法规规定劳动者可以解除劳动合同的其他情形。

用人单位以暴力、威胁或者非法限制人身自由的手段强迫劳动者劳动的，或者用人单位违章指挥、强令冒险作业危及劳动者人身安全的，劳动者可以立即解除劳动合同，不需事先告知用人单位。

第三十九条 劳动者有下列情形之一的，用人单位可以解除劳动合同：

（一）在试用期间被证明不符合录用条件的；

（二）严重违反用人单位的规章制度的；

（三）严重失职，营私舞弊，给用人单位造成重大损害的；

（四）劳动者同时与其他用人单位建立劳动关系，对完成本单位的工作任务造成严重影响，或者经用人单位提出，拒不改正的；

（五）因本法第二十六条第一款第一项规定的情形致使劳动合同无效的；

（六）被依法追究刑事责任的。

第四十条 有下列情形之一的，用人单位提前三十日以书面形式通知劳动者本人或者额外支付劳动者一个月工资后，可以解除劳动合同：

（一）劳动者患病或者非因工负伤，在规定的医疗期满后不能从事原工作，也不能从事由用人单位另行安排的工作的；

（二）劳动者不能胜任工作，经过培训或者调整工作岗位，仍不能胜任工作的；

（三）劳动合同订立时所依据的客观情况发生重大变化，致使劳动合同无法履行，经用人单位与劳动者协商，未能就变更劳动合同内容达成协议的。

第四十一条 有下列情形之一，需要裁减人员二十人以上或者裁减不足二十人但占企业职工总数百分之十以上的，用人单位提前三十日向工会或者全体职工说明情况，听取工会或者职工的意见后，裁减人员方案经向劳动行政部门报告，可以裁减人员：

（一）依照企业破产法规定进行重整的；

（二）生产经营发生严重困难的；

（三）企业转产、重大技术革新或者经营方式调整，经变更劳动合同后，仍需裁减人员的；

（四）其他因劳动合同订立时所依据的客观经济情况发生重大变化，致使劳动合同无法履行的。

裁减人员时，应当优先留用下列人员：

（一）与本单位订立较长期限的固定期限劳动合同的；

（二）与本单位订立无固定期限劳动合同的；

（三）家庭无其他就业人员，有需要扶养的老人或者未成年人的。

用人单位依照本条第一款规定裁减人员，在六个月内重新招用人员的，应当通知被裁减的人员，并在同等条件下优先招用被裁减的人员。

第四十二条 劳动者有下列情形之一的，用人单位不得依照本法第四十条、第四十

一 条的规定解除劳动合同：

（一）从事接触职业病危害作业的劳动者未进行离岗前职业健康检查，或者疑似职业病病人在诊断或者医学观察期间的；

（二）在本单位患职业病或者因工负伤并被确认丧失或者部分丧失劳动能力的；

（三）患病或者非因工负伤，在规定的医疗期内的；

（四）女职工在孕期、产期、哺乳期的；

（五）在本单位连续工作满十五年，且距法定退休年龄不足五年的；

（六）法律、行政法规规定的其他情形。

第四十三条 用人单位单方解除劳动合同，应当事先将理由通知工会。用人单位违反法律、行政法规规定或者劳动合同约定的，工会有权要求用人单位纠正。用人单位应当研究工会的意见，并将处理结果书面通知工会。

第四十四条 有下列情形之一的，劳动合同终止：

（一）劳动合同期满的；

（二）劳动者开始依法享受基本养老保险待遇的；

（三）劳动者死亡，或者被人民法院宣告死亡或者宣告失踪的；

（四）用人单位被依法宣告破产的；

（五）用人单位被吊销营业执照、责令关闭、撤销或者用人单位决定提前解散的；

（六）法律、行政法规规定的其他情形。

第四十五条 劳动合同期满，有本法第四十二条规定情形之一的，劳动合同应当续延至相应的情形消失时终止。但是，本法第四十二条第二项规定丧失或者部分丧失劳动能力劳动者的劳动合同的终止，按照国家有关工伤保险的规定执行。

第四十六条 有下列情形之一的，用人单位应当向劳动者支付经济补偿：

（一）劳动者依照本法第三十八条规定解除劳动合同的；

（二）用人单位依照本法第三十六条规定向劳动者提出解除劳动合同并与劳动者协商一致解除劳动合同的；

（三）用人单位依照本法第四十条规定解除劳动合同的；

（四）用人单位依照本法第四十一条第一款规定解除劳动合同的；

（五）除用人单位维持或者提高劳动合同约定条件续订劳动合同，劳动者不同意续订的情形外，依照本法第四十四条第一项规定终止固定期限劳动合同的；

（六）依照本法第四十四条第四项、第五项规定终止劳动合同的；

（七）法律、行政法规规定的其他情形。

第四十七条 经济补偿按劳动者在本单位工作的年限，每满一年支付一个月工资的标准向劳动者支付。六个月以上不满一年的，按一年计算；不满六个月的，向劳动者支付半个月工资的经济补偿。

劳动者月工资高于用人单位所在直辖市、设区的市级人民政府公布的本地区上年度职工月平均工资三倍的，向其支付经济补偿的标准按职工月平均工资三倍的数额支付，向其支付经济补偿的年限最高不超过十二年。

本条所称月工资是指劳动者在劳动合同解除或者终止前十二个月的平均工资。

第四十八条 用人单位违反本法规定解除或者终止劳动合同，劳动者要求继续履行劳动合同的，用人单位应当继续履行；劳动者不要求继续履行劳动合同或者劳动合同已经不能继续履行的，用人单位应当依照本法第八十七条规定支付赔偿金。

第四十九条 国家采取措施，建立健全劳动者社会保险关系跨地区转移接续制度。

第五十条 用人单位应当在解除或者终止劳动合同时出具解除或者终止劳动合同的证明，并在十五日内为劳动者办理档案和社会保险关系转移手续。

劳动者应当按照双方约定，办理工作交接。用人单位依照本法有关规定应当向劳动者支付经济补偿的，在办结工作交接时支付。

用人单位对已经解除或者终止的劳动合同的文本，至少保存二年备查。

第五章　特别规定

第一节　集体合同

第五十一条 企业职工一方与用人单位通过平等协商，可以就劳动报酬、工作时间、休息休假、劳动安全卫生、保险福利等事项订立集体合同。集体合同草案应当提交职工代表大会或者全体职工讨论通过。

集体合同由工会代表企业职工一方与用人单位订立；尚未建立工会的用人单位，由上

级工会指导劳动者推举的代表与用人单位订立。

第五十二条 企业职工一方与用人单位可以订立劳动安全卫生、女职工权益保护、工资调整机制等专项集体合同。

第五十三条 在县级以下区域内，建筑业、采矿业、餐饮服务业等行业可以由工会与企业方面代表订立行业性集体合同，或者订立区域性集体合同。

第五十四条 集体合同订立后，应当报送劳动行政部门；劳动行政部门自收到集体合同文本之日起十五日内未提出异议的，集体合同即行生效。

依法订立的集体合同对用人单位和劳动者具有约束力。行业性、区域性集体合同对当地本行业、本区域的用人单位和劳动者具有约束力。

第五十五条 集体合同中劳动报酬和劳动条件等标准不得低于当地人民政府规定的最低标准；用人单位与劳动者订立的劳动合同中劳动报酬和劳动条件等标准不得低于集体合同规定的标准。

第五十六条 用人单位违反集体合同，侵犯职工劳动权益的，工会可以依法要求用人单位承担责任；因履行集体合同发生争议，经协商解决不成的，工会可以依法申请仲裁、提起诉讼。

第二节 劳务派遣

第五十七条 经营劳务派遣业务应当具备下列条件：

（一）注册资本不得少于人民币二百万元；

（二）有与开展业务相适应的固定的经营场所和设施；

（三）有符合法律、行政法规规定的劳务派遣管理制度；

（四）法律、行政法规规定的其他条件。

经营劳务派遣业务，应当向劳动行政部门依法申请行政许可；经许可的，依法办理相应的公司登记。未经许可，任何单位和个人不得经营劳务派遣业务。”

第五十八条 劳务派遣单位是本法所称用人单位，应当履行用人单位对劳动者的义务。劳务派遣单位与被派遣劳动者订立的劳动合同，除应当载明本法第十七条规定的事项外，还应当载明被派遣劳动者的用工单位以及派遣期限、工作岗位等情况。

劳务派遣单位应当与被派遣劳动者订立二年以上的固定期限劳动合同，按月支付劳动报酬；被派遣劳动者在无工作期间，劳务派遣单位应当按照所在地人民政府规定的最低工资标准，向其按月支付报酬。

第五十九条 劳务派遣单位派遣劳动者应当与接受以劳务派遣形式用工的单位（以下称用工单位）订立劳务派遣协议。劳务派遣协议应当约定派遣岗位和人员数量、派遣期限、劳动报酬和社会保险费的数额与支付方式以及违反协议的责任。

用工单位应当根据工作岗位的实际需要与劳务派遣单位确定派遣期限，不得将连续用工期限分割订立数个短期劳务派遣协议。

第六十条 劳务派遣单位应当将劳务派遣协议的内容告知被派遣劳动者。

劳务派遣单位不得克扣用工单位按照劳务派遣协议支付给被派遣劳动者的劳动报酬。劳务派遣单位和用工单位不得向被派遣劳动者收取费用。

第六十一条 劳务派遣单位跨地区派遣劳动者的，被派遣劳动者享有的劳动报酬和劳动条件，按照用工单位所在地的标准执行。

第六十二条 用工单位应当履行下列义务：

（一）执行国家劳动标准，提供相应的劳动条件和劳动保护；

（二）告知被派遣劳动者的工作要求和劳动报酬；

（三）支付加班费、绩效奖金，提供与工作岗位相关的福利待遇；

（四）对在岗被派遣劳动者进行工作岗位所必需的培训；

（五）连续用工的，实行正常的工资调整机制。

用工单位不得将被派遣劳动者再派遣到其他用人单位。

第六十三条 被派遣劳动者享有与用工单位的劳动者同工同酬的权利。用工单位应当按照同工同酬原则，对被派遣劳动者与本单位同类岗位的劳动者实行相同的劳动报酬分配办法。用工单位无同类岗位劳动者的，参照用工单位所在地相同或者相近岗位劳动者的劳动报酬确定。

劳务派遣单位与被派遣劳动者订立的劳动合同和与用工单位订立的劳务派遣协议，载明或者约定的向被派遣劳动者支付的劳动报酬应当符合前款规定。

第六十四条 被派遣劳动者有权在劳务派遣单位或者用工单位依法参加或者组织工会，维护自身的合法权益。

第六十五条 被派遣劳动者可以依照本法第三十六条、第三十八条的规定与劳务派遣单位解除劳动合同。

被派遣劳动者有本法第三十九条和第四十条第一项、第二项规定情形的，用工单位可以将劳动者退回劳务派遣单位，劳务派遣单位依照本法有关规定，可以与劳动者解除劳动合同。

第六十六条 劳动合同用工是我国的企业基本用工形式。劳务派遣用工是补充形式，只能在临时性、辅助性或者替代性的工作岗位上实施。

前款规定的临时性工作岗位是指存续时间不超过六个月的岗位；辅助性工作岗位是指为主营业务岗位提供服务的非主营业务岗位；替代性工作岗位是指用工单位的劳动者因脱产学习、休假等原因无法工作的一定期间内，可以由其他劳动者替代工作的岗位。

用工单位应当严格控制劳务派遣用工数量，不得超过其用工总量的一定比例，具体比例由国务院劳动行政部门规定。

第六十七条 用人单位不得设立劳务派遣单位向本单位或者所属单位派遣劳动者。

第三节　非全日制用工

第六十八条 非全日制用工，是指以小时计酬为主，劳动者在同一用人单位一般平均每日工作时间不超过四小时，每周工作时间累计不超过二十四小时的用工形式。

第六十九条 非全日制用工双方当事人可以订立口头协议。

从事非全日制用工的劳动者可以与一个或者一个以上用人单位订立劳动合同；但是，后订立的劳动合同不得影响先订立的劳动合同的履行。

第七十条 非全日制用工双方当事人不得约定试用期。

第七十一条 非全日制用工双方当事人任何一方都可以随时通知对方终止用工。终止用工，用人单位不向劳动者支付经济补偿。

第七十二条 非全日制用工小时计酬标准不得低于用人单位所在地人民政府规定的最低小时工资标准。

非全日制用工劳动报酬结算支付周期最长不得超过十五日。

第六章　监督检查

第七十三条 国务院劳动行政部门负责全国劳动合同制度实施的监督管理。

县级以上地方人民政府劳动行政部门负责本行政区域内劳动合同制度实施的监督管理。

县级以上各级人民政府劳动行政部门在劳动合同制度实施的监督管理工作中，应当听取工会、企业方面代表以及有关行业主管部门的意见。

第七十四条 县级以上地方人民政府劳动行政部门依法对下列实施劳动合同制度的情况进行监督检查：

（一）用人单位制定直接涉及劳动者切身利益的规章制度及其执行的情况；

（二）用人单位与劳动者订立和解除劳动合同的情况；

（三）劳务派遣单位和用工单位遵守劳务派遣有关规定的情况；

（四）用人单位遵守国家关于劳动者工作时间和休息休假规定的情况；

（五）用人单位支付劳动合同约定的劳动报酬和执行最低工资标准的情况；

（六）用人单位参加各项社会保险和缴纳社会保险费的情况；

（七）法律、法规规定的其他劳动监察事项。

第七十五条 县级以上地方人民政府劳动行政部门实施监督检查时，有权查阅与劳动合同、集体合同有关的材料，有权对劳动场所进行实地检查，用人单位和劳动者都应当如实提供有关情况和材料。

劳动行政部门的工作人员进行监督检查，应当出示证件，依法行使职权，文明执法。

第七十六条 县级以上人民政府建设、卫生、安全生产监督管理等有关主管部门在各自职责范围内，对用人单位执行劳动合同制度的情况进行监督管理。

第七十七条 劳动者合法权益受到侵害的，有权要求有关部门依法处理，或者依法申请仲裁、提起诉讼。

第七十八条 工会依法维护劳动者的合法权益，对用人单位履行劳动合同、集体合同的情况进行监督。用人单位违反劳动法律、法规和劳动合同、集体合同的，工会有权提出意见或者要求纠正；劳动者申请仲裁、提起诉讼的，工会依法给予支持和帮助。

第七十九条 任何组织或者个人对违反本法的行为都有权举报，县级以上人民政府劳动行政部门应当及时核实、处理，并对举报有功人员给予奖励。

第七章　法律责任

第八十条　用人单位直接涉及劳动者切身利益的规章制度违反法律、法规规定的，由劳动行政部门责令改正，给予警告；给劳动者造成损害的，应当承担赔偿责任。

第八十一条　用人单位提供的劳动合同文本未载明本法规定的劳动合同必备条款或者用人单位未将劳动合同文本交付劳动者的，由劳动行政部门责令改正；给劳动者造成损害的，应当承担赔偿责任。

第八十二条　用人单位自用工之日起超过一个月不满一年未与劳动者订立书面劳动合同的，应当向劳动者每月支付二倍的工资。

用人单位违反本法规定不与劳动者订立无固定期限劳动合同的，自应当订立无固定期限劳动合同之日起向劳动者每月支付二倍的工资。

第八十三条　用人单位违反本法规定与劳动者约定试用期的，由劳动行政部门责令改正；违法约定的试用期已经履行的，由用人单位以劳动者试用期满月工资为标准，按已经履行的超过法定试用期的期间向劳动者支付赔偿金。

第八十四条　用人单位违反本法规定，扣押劳动者居民身份证等证件的，由劳动行政部门责令限期退还劳动者本人，并依照有关法律规定给予处罚。

用人单位违反本法规定，以担保或者其他名义向劳动者收取财物的，由劳动行政部门责令限期退还劳动者本人，并以每人五百元以上二千元以下的标准处以罚款；给劳动者造成损害的，应当承担赔偿责任。

劳动者依法解除或者终止劳动合同，用人单位扣押劳动者档案或者其他物品的，依照前款规定处罚。

第八十五条　用人单位有下列情形之一的，由劳动行政部门责令限期支付劳动报酬、加班费或者经济补偿；劳动报酬低于当地最低工资标准的，应当支付其差额部分；逾期不支付的，责令用人单位按应付金额百分之五十以上百分之一百以下的标准向劳动者加付赔偿金：

（一）未按照劳动合同的约定或者国家规定及时足额支付劳动者劳动报酬的；

（二）低于当地最低工资标准支付劳动者工资的；

（三）安排加班不支付加班费的；

（四）解除或者终止劳动合同，未依照本法规定向劳动者支付经济补偿的。

第八十六条　劳动合同依照本法第二十六条规定被确认无效，给对方造成损害的，有过错的一方应当承担赔偿责任。

第八十七条　用人单位违反本法规定解除或者终止劳动合同的，应当依照本法第四十七条规定的经济补偿标准的二倍向劳动者支付赔偿金。

第八十八条 用人单位有下列情形之一的，依法给予行政处罚；构成犯罪的，依法追究刑事责任；给劳动者造成损害的，应当承担赔偿责任：

（一）以暴力、威胁或者非法限制人身自由的手段强迫劳动的；

（二）违章指挥或者强令冒险作业危及劳动者人身安全的；

（三）侮辱、体罚、殴打、非法搜查或者拘禁劳动者的；

（四）劳动条件恶劣、环境污染严重，给劳动者身心健康造成严重损害的。

第八十九条 用人单位违反本法规定未向劳动者出具解除或者终止劳动合同的书面证明，由劳动行政部门责令改正；给劳动者造成损害的，应当承担赔偿责任。

第九十条 劳动者违反本法规定解除劳动合同，或者违反劳动合同中约定的保密义务或者竞业限制，给用人单位造成损失的，应当承担赔偿责任。

第九十一条 用人单位招用与其他用人单位尚未解除或者终止劳动合同的劳动者，给其他用人单位造成损失的，应当承担连带赔偿责任。

第九十二条 违反本法规定，未经许可，擅自经营劳务派遣业务的，由劳动行政部门责令停止违法行为，没收违法所得，并处违法所得一倍以上五倍以下的罚款；没有违法所得的，可以处五万元以下的罚款。

劳务派遣单位、用工单位违反本法有关劳务派遣规定的，由劳动行政部门责令限期改正；逾期不改正的，以每人五千元以上一万元以下的标准处以罚款，对劳务派遣单位，吊销其劳务派遣业务经营许可证。用工单位给被派遣劳动者造成损害的，劳务派遣单位与用工单位承担连带赔偿责任。

第九十三条 对不具备合法经营资格的用人单位的违法犯罪行为，依法追究法律责任；劳动者已经付出劳动的，该单位或者其出资人应当依照本法有关规定向劳动者支付劳动报酬、经济补偿、赔偿金；给劳动者造成损害的，应当承担赔偿责任。

第九十四条 个人承包经营违反本法规定招用劳动者，给劳动者造成损害的，发包的组织与个人承包经营者承担连带赔偿责任。

第九十五条 劳动行政部门和其他有关主管部门及其工作人员玩忽职守、不履行法定职责，或者违法行使职权，给劳动者或者用人单位造成损害的，应当承担赔偿责任；对直接负责的主管人员和其他直接责任人员，依法给予行政处分；构成犯罪的，依法追究刑事责任。

第八章 附则

第九十六条 事业单位与实行聘用制的工作人员订立、履行、变更、解除或者终止劳动合同，法律、行政法规或者国务院另有规定的，依照其规定；未作规定的，依照本法有关规定执行。

第九十七条 本法施行前已依法订立且在本法施行之日存续的劳动合同，继续履行；本法第十四条第二款第三项规定连续订立固定期限劳动合同的次数，自本法施行后续订固定期限劳动合同时开始计算。

本法施行前已建立劳动关系，尚未订立书面劳动合同的，应当自本法施行之日起一个月内订立。

本法施行之日存续的劳动合同在本法施行后解除或者终止，依照本法第四十六条规定应当支付经济补偿的，经济补偿年限自本法施行之日起计算；本法施行前按照当时有关规定，用人单位应当向劳动者支付经济补偿的，按照当时有关规定执行。

第九十八条 本法自2008年1月1日起施行。

反侵权盗版声明

举报电话：（010）88254396；（010）88258888

传　　真：（010）88254397

E-mail：　dbqq@phei.com.cn

通信地址：北京市万寿路南口金家村 288 号华信大厦

电子工业出版社总编办公室

邮　　编：100036